Heinz Pentzlin · Die Deutschen im Dritten Reich

D1994239

Zu Deinem 60. Geburtstag,

lieber Hermann,

solltest Du wenigstens dieses
Buch zu denen legen, die
Du bald zu lesen gedenkst!

Herzliche Glückwünsche!

Alle Deine

Offenseners (8 [-1+1])

(und ich [H] zähle
doppelt!)

Heinz Pentzlin

Die Deutschen im Dritten Reich

Nationalsozialisten
Mitläufer
Gegner

Seewald Verlag · Stuttgart · Herford

Alle Rechte vorbehalten
© Seewald Verlag Dr. Heinrich Seewald GmbH & Co.
Stuttgart und Herford 1985
Umschlagfoto: Bildarchiv Städtisches Museum Herford
Satz und Druck: F. L. Wagener, Lemgo
Buchbinderei: Busse-Druck, Herford
Printed in Germany

ISBN 3-512-00715-5

Inhalt

Vorwort 7

Triumphierende und Ohnmächtige 11

Alte Kämpfer 19

Wachsender Kreis der Anhänger 33

Wegbereiter und Steigbügelhalter 49

Zuläufer und Gleichgeschaltete 61

Die Standhaften 79

Der Glaube an den Führer 103

Gesteuertes Bewußtsein 127

Im Krieg 141

Wissende und Unwissende 165

Widerstand – Träume und Taten 191

Schuld und Mitschuld 205

Vorwort

Es gibt Erfahrungen,
die uns von neuem zur Prüfung zwingen.
Ernst Jünger

Unbegreiflich, unfaßbar erscheint heute das Verhalten der Deutschen in der Zeit der Herrschaft Adolf Hitlers. Daß viele von den Erfolgen seiner Politik in den ersten Jahren seiner Regierung – angefangen von der Überwindung der Arbeitslosigkeit bis zum Anschluß Österreichs – stark beeindruckt waren und er dadurch weit über seine frühere Gefolgschaft hinaus Anhänger gewann, ist verständlich. Und daß viele in ihm den großen Staatsmann, den »Führer« sahen, der Deutschland aus der Erniedrigung zu neuer Größe brachte und deshalb Treue und Hingabe verlangen konnte, ist ebenso verständlich.

Aber wie konnte es geschehen, daß gleichzeitig dabei so manches Bedenkliche und Verwerfliche hingenommen oder gar nicht beachtet wurde? Wie die ersten antisemitischen Ausschreitungen und Handlungen zur Ausschaltung von Juden aus der Staatsverwaltung, aus dem Wirtschafts- und Kulturleben? Die brutalen Maßnahmen gegen politische Gegner? Die Einrichtung der Konzentrationslager? Das Vorgehen gegen Protestanten und Katholiken sowie gegen alle Anhänger weltanschaulicher, kultureller und politischer Richtungen, die nicht mit dem nationalsozialistischen Denken in Einklang standen? Und wie war es möglich, daß Hitler eine Politik verfolgen konnte, die schließlich zum Ausbruch des furchtbaren Zweiten Weltkrieges führte?

Gar nicht mehr zu verstehen ist es für die meisten Menschen heute, wie die Deutschen während des Krieges bis zum schrecklichen Ende ausgehalten, gekämpft und gearbeitet haben. Wie haben sie ihre großen Leistungen an der Front und in der Heimat vollbracht, die ihnen das Äußerste an seelischer und körperlicher Leistung abverlangte? Was hat ihnen ihr Durchhaltevermögen gegeben? War das Kadavergehorsam oder Pflichtgefühl oder was sonst? Noch verständnisloser steht man dem Tatbestand gegenüber, daß Hitler die Vernichtung von Millionen von Juden durchführen konnte, ohne daß sich ein Aufschrei, wenn schon nicht ein aktiver Widerstand dagegen erhob. Wußten nur so wenige davon? Konnten oder wollten breitere Kreise wirklich nichts davon wissen?

Es gab Gegner des Nationalsozialismus, von der ersten Stunde an bis zum bitteren Ende. Ihre Aktivität war aber begrenzt. In etlichen Gruppen und Zirkeln wurden Umsturz- und Attentatspläne diskutiert, aber nur einzelne versuchten, Hitler zu töten, bis zur Verschwörung der Männer des 20. Juli 1944, die den Plan für einen Umsturz gefaßt hatten. Wie kam es, daß alle Gegnerschaft so wenig Erfolg hatte?

Es sind nicht nur jüngere Menschen und mit ihnen Historiker, die im Rückblick die Zeit der nationalsozialistischen Herrschaft zu erfassen und zu erklären versuchen und die es so schwer haben, das Verhalten der Deutschen in jenen Jahren zu verstehen. Auch viele, wenn nicht die meisten, die jene Jahre durchgemacht haben, die Hitlers Erfolge und den Zusammenbruch erlebt, die als Soldaten gekämpft oder in der Heimat den Bombenkrieg und alle Entbehrungen überstanden haben, begreifen heute oft nicht mehr, was damals ihr Denken und Handeln bestimmt hat. Im nachhinein, nachdem ihnen die Schreckenstaten Hitlers deutlich gemacht worden sind, fragen so manche von ihnen, heute selbst fassungslos, wie sie damals sich so verhalten konnten, wie sie es getan haben.

Mit dieser Schrift wird ein Versuch gemacht, darzulegen, was das Verhalten der Deutschen, ihr Denken und Handeln damals bestimmt hat, wie das geschehen konnte, was heute unfaßbar erscheint. Sie soll weder entschuldigen noch anklagen, sondern soll helfen, das heute Unverständliche zu verstehen, das Unfaßbare faßbar zu machen. Sie ist keine historische Abhandlung und bringt weder verhaltungswissenschaftliche noch tiefenpsychologische Deutungen. Sondern sie ist ein Augenzeugenbericht. Eine »Reportage« – wenn man sie so bezeichnen will –, die kein umfassendes, vollständiges Bild geben kann, sondern versucht, Wesentliches aufzuzeigen, dabei manches – was andere vielleicht für ebenso wesentlich oder noch wesentlicher halten – unbetrachtet lassen muß. Es ist der Bericht eines Augenzeugen, der die Zeit miterlebt hat, der aber dank besonderer Umstände mehr als die meisten seiner Zeitgenossen in der Lage war, die Vorgänge in Deutschland als Beobachter zu betrachten.

Zu Beginn der dreißiger Jahre erlebte ich als Student an der Frankfurter Universität und dem später berühmt gewordenen Institut für Sozialforschung den Aufstieg des Nationalsozialismus und schließlich die Machtergreifung Adolf Hitlers. Durch meine Lehrer – vor allem den Sozialpsychologen Hendrik de Man und den Soziologen Heinz Marr –, durch genaue Lektüre von Hitlers »Mein Kampf« und durch viele Diskussionen mit Nationalsozialisten der verschiedenen Richtungen dieser »Bewegung« hatte ich ziemlich klare Vorstellungen, in welche Richtung sich Hitlers Politik, innenpolitisch und außenpolitisch, bewegen würde, und ich war dadurch vor mancher Täuschung und Selbsttäuschung bewahrt, der viele Deutsche erlagen.

Während eines Auslandsaufenthaltes im ersten Halbjahr 1933 erfuhr ich, daß die maßgebenden Politiker anderer Länder wenig an einer Bekämpfung des Nationalsozialismus interessiert waren. Sie benutzten vielmehr die Gegnerschaft gegen den Nationalsozialismus als ein propagandistisch wirksames Instrument für die Fortsetzung ihrer Politik der Verhinderung eines Wiederaufstiegs Deutschlands und der Eindämmung seines Einflusses. Infolgedessen konnten deutsche Emigranten im Ausland nichts für Deutschland Nutzbringendes erreichen.

Im letzten Viertel des Jahres 1933 und im Jahre 1934 sah ich als Angestellter eines gemeinsamen Amtes des Reichswirtschaftsministeriums und des Auswärtigen Amtes die inneren Kämpfe in Ministerien und ihre Auseinandersetzungen mit den Organisationen der Partei, die oft mehr gegeneinander als miteinander arbeiteten. Von 1935 an hatte ich als Auslands-Wirtschaftsberichterstatter für verschiedene deutsche Presseorgane in verschiedenen Ländern die Möglichkeit, die Vorgänge in Deutschland vom Ausland aus zu beobachten und sie während regelmäßig wiederholter längerer Besuche in Deutschland zugleich mitzuerleben.

Dadurch konnte ich wohl – wie ich glaube – manches klarer sehen und besser verstehen als die im täglichen Kampf stehenden Deutschen – ein Kampf, der ihnen keine Zeit ließ, es ihnen oft unmöglich machte, über das eigene Handeln reflektierend nachzudenken. Deshalb wage ich hier den Versuch, aufzuschreiben, was dazu dienen kann, das sonst so schwer Verständliche oder gar Unverständliche verständlich zu machen.

Der Verfasser

Triumphierende und Ohnmächtige

Auch eine lange Reise beginnt
mit den ersten Schritten.

Chinesisches Sprichwort

Viele Deutsche, aber bei weitem nicht alle, vielleicht nicht einmal die Mehrheit von ihnen, waren sich am 30. Januar 1933 dessen bewußt, daß mit der Ernennung Adolf Hitlers zum Reichskanzler eine neue politische Entwicklung eingeleitet, daß etwas ganz anderes geschehen war als bei früheren Kanzler-Ernennungen und dem Wechsel von Reichsregierungen. Dessen bewußt waren sich die meisten seiner Anhänger, die dieses Ereignis herbeigesehnt und von denen manche hart dafür gekämpft hatten, weil sie von Hitler, ihrem »Führer«, eine Wende im Geschick Deutschlands, in seiner Geschichte erhofften.

Sie waren der Überzeugung, daß er nach den »vierzehn Jahren der Schmach und Schande« – wie Hitler sie in seinen Reden immer wieder gekennzeichnet hatte – die Deutschen aus der Erniedrigung herausführen würde, unter der sie seit dem Zusammenbruch im November 1918 und unter dem Versailler »Diktat« zu leiden hatten, und daß er die wirtschaftliche Not überwinden würde, die immer schlimmer geworden war. Voll freudiger Hoffnung strömten am Abend des 30. Januar 1933 die Massen der Anhänger Hitlers auf die Straßen.

Die SA und andere Gliederungen der NSDAP marschierten auf. Mit Fackeln zogen sie in Berlin durch die Wilhelmstraße vor das Reichskanzler-Palais. In vielen Städten formierten sich ähnliche Fackelzüge. Parteiredner traten auf und feierten mit überschwenglichen Reden das Ereignis. Die Organisation, mit der diese Veranstaltungen in Blitzeseile eingeleitet und geordnet durchgeführt wurden, beeindruckte viele der Zuschauer, die der nationalsozialistischen Bewegung bis dahin ablehnend gegenübergestanden hatten und jetzt spürten, wie hier eine politische Kraft zum Ausdruck kam, die ganz anders war als das, was sie bei den demokratischen Parteien gesehen hatten.

Unter den Gegnern des Nationalsozialismus waren diejenigen stark – aber ganz anders – beeindruckt, die sich über die Gefahren klar waren, die ein Mann wie Hitler mit seinen politischen Zielsetzungen und seinem Vorgehen herbeiführen konnte. Mit der Bewegung der Massen seiner Gefolgschaft am Abend des Tages der Regierungsübernahme spürten sie schon, wie schwer oder gar unmöglich es sein würde, den Mann, dem nun die Regierungsgewalt übertragen war, noch zu zügeln und in Schranken zu halten.

Doch es waren nicht sehr viele, die so voller banger Ahnungen waren. Es waren einige klarsichtige Beobachter der politischen Entwicklung, die seit 1929/30 die Schwäche der demokratischen Parteien und die Unfähigkeit ihrer Führer, mit den wachsenden wirtschaftlichen Schwierigkeiten fertig zu werden, erkannt hatten, dabei aber nicht, wie andere, aus dieser Erkenntnis die Schlußfolgerung gezogen hatten, daß man durch eine Zusammenarbeit mit Hitler zu einer politisch vertretbaren Lösung kommen könnte.

Die Regierungsübernahme durch Hitler weckte Schrecken und Befürchtungen bei manchen der aktiv gegen den Nationalsozialismus hervorgetretenen Politiker der Sozialdemokratischen Partei, bei Führern des Kampfverbandes »Reichsbanner Schwarz-Rot-Gold« und bei einigen Gewerkschaftsführern. Sie hatten um ihr persönliches Schicksal zu fürchten. Das galt im stärkeren Ausmaß für Kommunisten und Führer ihrer Kampforganisation »Rot Front«.

Angst und Befürchtungen erfüllte auch viele Juden. Aber nur wenige von ihnen erkannten damals schon, daß Hitler auf ein »juden-freies Deutschland« hinarbeiten, geschweige denn zu einer Massenvernichtung schreiten würde.

Angesichts des eindeutig verkündeten Antisemitismus rechneten alle Juden in Deutschland – von den Ausnahmen einiger unentwegter Optimisten unter ihnen abgesehen – damit, daß mit einer Übernahme der Regierung durch die Nationalsozialisten ihr Leben schwieriger werden, die Möglichkeiten für ihre berufliche und kulturelle Entfaltung und wirtschaftliche Betätigung eingeschränkt sein würden.

Beginnend im Jahre 1931 und stärker 1932, als das Versagen der demokratischen Parteien die Regierungsübernahme durch die Nationalsozialisten immer näher kommen ließ, hatten es viele Juden bereits vorgezogen, deshalb Deutschland zu verlassen oder ihre Auswanderung vorzubereiten. Aber die meisten von ihnen hielten einen solchen Entschluß nicht für notwendig. Gewiß, sie hielten manche Erschwerungen und Unannehmlichkeiten für wahrscheinlich. Aber es könnte doch nicht »so schlimm« werden. In Deutschland könnte es doch – so glaubten sie – niemals zu Pogromen »wie in Osteuropa« kommen, ja, selbst Ausschreitungen gegen Juden, wie sie gelegentlich im East End von London mit der Plünderung von jüdischen Geschäften und Prügeleien vorkamen, erschienen ihnen »in einem Land wie Deutschland« unmöglich.

Daß es nicht »so schlimm« kommen könnte, war die überwiegende Meinung der meisten nicht- oder anti-nationalsozialistisch eingestellten Deutschen. Einmal stand Hitler ja gar nicht an der Spitze einer rein nationalsozialistischen Regierung, sondern einer »nationalen« Regierung, in der ihm nur zwei Parteigenossen – Dr. Frick als Innenminister und Hermann Göring als Minister ohne Geschäftsbereich und Reichskommissar für den Luftverkehr – zur Seite und acht »Nicht-Nationalsozialisten« gegenüberstanden. Er war also »eingerahmt« oder sogar »eingebunden«, so daß er seine Politik nicht ungehemmt verfolgen konnte. Die Männer, die ihn einrahmten, würden dafür sorgen, daß eine vernünftige, maßvolle Politik betrieben würde.

Zum anderen glaubten viele, daß Hitler, wenn er nun vor die praktischen Tagesaufgaben gestellt war, als Politiker versagen würde. Er sei ja »nur« ein geschickter Propagandist, der von den Aufgaben der Staatsführung in ihren verschiedenen Bereichen keine Ahnung habe. Die Probleme, an denen seine Vorgänger gescheitert waren, würde auch er nicht bewältigen können. Spätestens im Herbst werde er »abgewirtschaftet« haben. Deshalb sei es ganz gut – so trösteten sich jetzt viele –, daß er an die Spitze der Regierung gestellt sei. Jetzt würde es sich zeigen, daß er es nicht besser machen könne als andere. Und wenn sich sein Versagen herausstellen würde, dann würde der »Spuk« des Nationalsozialismus auch sein Ende finden.

Es hieß – und vieles spricht dafür, daß es zutreffend war –, daß die meisten diplomatischen Vertreter anderer Länder in Berlin diese Meinungen teilten und Botschafter der führenden Großmächte in den Berichten an ihre Regierungen die Auffassungen zum Ausdruck brachten, daß entweder von einer Regierung unter Hitler keine tiefgreifenden Änderungen der deutschen Politik zu erwarten seien oder Hitler in absehbarer Zeit »abgewirtschaftet« haben würde. Diese vermeintlichen oder wirklichen Beurteilungen der Lage durch die ausländischen Diplomaten kursierten in breiteren Kreisen und trugen dazu bei, die Befürchtungen leichter zu nehmen, die mit der Übernahme der Regierungsführung durch Hitler wachgerufen wurden.

Wer die Gefahr in ihrer Tragweite sah – soweit sie damals in etwa zu erahnen, wenn auch nicht annähernd in ihrem später eingetretenen Ausmaß zu erkennen war – und wer unmittelbar in seinem persönlichen Schicksal betroffen wurde, stand ohnmächtig und hilflos da. Es hatte niemanden gegeben, der Hitler auf seinem Weg an die Spitze der Regierung aufgehalten hätte. Noch weniger war jetzt jemand zu erblicken, der ihm die errungene Stellung wieder streitig machen konnte.

Müßig ist es, darüber zu streiten, welche Möglichkeiten bestanden hätten, Hitler 1930 und 1931 oder vielleicht auch noch Anfang 1932 durch Aufnahme in die Regierung als Vizekanzler unter einem anderen Kanzler wirklich »einzubinden« und die Nationalsozialisten in einer Koalition mit anderen Parteien zur Mitverantwortung heranzuziehen. Es wurde kein ernsthafter Versuch dazu unternommen, und niemand kann sagen, ob Hitler auf ihn eingegangen wäre und von seinem Streben nach Erlangung der ganzen Regierungsmacht abgelassen hätte.

Nachdem die demokratischen Parteien bei der Überwindung der wirtschaftlichen Not versagt und sich als unfähig erwiesen hatten, Koalitionen zu bilden, die mit Stimmenmehrheit im Reichstag eine handlungsfähige Regierung getragen hätten, war dem Reichspräsidenten nichts anderes übrig geblieben, als den Führer der weitaus stärksten Partei an die Spitze der Regierung zu stellen. Es war nicht – wie eine sich als geschichtswissenschaftliche Erkenntnis darstellende Legende es wissen will – eine »Kamarilla«, die von Hindenburg dazu bewog, Hitler zum Reichskanzler zu berufen, sondern es waren sein Verantwortungsbewußtsein und seine Verpflichtung auf die Verfassung, die ihn bestimmte, entsprechend dieser Verfassung und den demokratischen Spielregeln dem Vertreter der größten Reichstagsfraktion, der durch Koalition über eine Stimmenmehrheit verfügte, das Kanzleramt zu übertragen.

Bei diesem Entschluß mag die Erkenntnis mitgewirkt haben, daß es nicht möglich war, als Ausweg – wie es manche zur Abwendung einer nationalsozialistischen Herrschaft gern versucht hätten – eine vom Parlament unabhängige »autoritäre« Regierung zu bilden und an der Macht zu halten. Im Reichswehrministerium war aufgrund von Prüfungen in verschiedenen Bezirken im November 1932 festgestellt worden, daß eine von den Nationalsozialisten abgelehnte Regierung mit den Machtmitteln des Staates, der Polizei und dem Militär, nicht an der Macht gehalten werden konnte. Sie würde an Sabotage und passivem Widerstand scheitern, und der größte Teil der Mannschaften der Reichswehr und der Mehrheit der Polizisten würden sich auf die Seite der Nationalsozialisten stellen.

Die Regierungsführung war am 30. Janur 1933 Hitler übertragen, übergeben worden. Das war – zunächst – keine »Machtergreifung«, wie Goebbels diesen Vorgang bald nannte. Dieses Wort wurde auch gern von Gegnern des Nationalsozialismus gebraucht, vor allem von Vertretern der demokratischen Parteien, die damit von ihrem eigenen Versagen, von der Aufgabe der Regierungsführung infolge ihrer Unfähigkeit zur Koalitionsbildung, ablenken wollten. Die tatsächliche Machtergreifung erfolgte erst in den Monaten nach der Regierungsübernahme, als Hitler es fertigbrachte, seine Regierungspartner aus der Staatsführung auszuschalten und durch Heranziehen der Partei mit ihren Organisationen zur Staatsgewalt wirklich Macht zu gewinnen und auszuüben.

Doch diejenigen, die solch eine Entwicklung zu einer diktatorischen, nach Totalität strebenden Staatsführung kommen sahen, hatten keine Möglichkeit, etwas dagegen zu unternehmen. Sie standen allein und verlassen neben den einen, die nicht glauben wollten, daß Schlimmes geschehen würde, und den anderen, die voller Hoffnung waren, daß Hitler die Wende zum Besseren bringen würde.

Alte Kämpfer

Wir glaubten und dienten.
Hans Hertel

Die »Deutsche Arbeiterpartei«, die im Januar 1919 von dem Sportjournalisten und Schriftsteller Karl Harrer und dem Schlosser Anton Drexler gegründet worden war und die von Hitler im August 1920 in »Nationalsozialistische Deutsche Arbeiterpartei« (NSDAP) umbenannt wurde, war eine von Hunderten ähnlicher »Parteien«, politischer Gruppen und Grüppchen, die sich überall in Deutschland nach der November-Revolution gebildet hatten. In München wurden rund fünfzig von ihnen gezählt. In Berlin beobachtete die Polizei rund zwanzig solcher Zusammenschlüsse, die eine »rechtsradikale«, antirepublikanische Einstellung hatten.

In diesen Gruppen fanden sich Menschen zusammen, die sich mit der politischen Entwicklung, so wie sie nach dem Sturz der Monarchie verlief, nicht abfinden wollten, die einen Wandel herbeisehnten. Ihre Vorstellungen über die Ursachen des Zusammenbruchs des Kaiserreiches und ebenso über die Mittel und Wege, auf denen die neu entstandenen Zustände geändert werden könnten, sowie auch über die Ziele, die angestrebt werden sollten, waren von Gruppe zu Gruppe und dazu noch innerhalb der einzelnen Gruppen – nahezu bei jedem einzelnen ihrer Mitglieder – sehr verschieden. Sie waren oft verschwommen und wirr.

In einer Hinsicht stimmten sie fast alle überein: Von der Regierung, die sich im Winter 1918/19 gebildet hatte und ebenso von den Parteien, die seitdem – zum Teil als fortbestehende Parteien aus der Kaiserzeit, zum Teil als Neu- oder Umgründungen – hervortraten, war keine Wendung zum Besseren, sondern nur noch Schlimmeres für die Zukunft Deutschlands zu erwarten. Das parlamentarische System erschien ihnen als Fehlgriff, ja als eine Gefahr für die weitere Entwicklung. Es wurde abgelehnt; es sollte bekämpft werden. Was aber an seine Stelle treten sollte, darüber gingen die Meinungen weit auseinander.

Viele, besonders Ältere, wünschten die Monarchie zurück. Doch Kaiser Wilhelm II. wollten nur wenige wieder an der Spitze Deutschlands sehen. Er hatte »versagt«; er war »geflohen«, statt sich an die Front zu begeben und dort den Soldatentod zu suchen. Er hatte damit das ganze Haus Hohenzollern in Mißkredit gebracht. Auch die einzelnen Landesfürsten wünschten nur wenige zurück. Der engere Zusammenschluß des Deutschen Reiches nach dem Ende der Monarchien erschien den meisten doch von Vorteil. Die Jüngeren wollten in der Mehrzahl überhaupt nichts mehr von einer monarchischen Staatsform wissen. Doch was an ihre Stelle treten sollte, darüber bestanden nur unklare Vorstellungen. Man sprach von »autoritärer« Staatsführung, von einem »Ständestaat« und auch schon bald von einem »Führerstaat«.

Einen Kern in weitaus den meisten dieser Gruppen bildeten die aus dem Kriege zurückgekehrten Frontsoldaten. Viele von ihnen hatten den Zusammenbruch im Herbst 1918 nicht begreifen können und noch weniger das, was sich danach in Deutschland ereignet hatte. Siegreich hatten die deutschen Armeen bis zum Sommer 1918 gekämpft und hatten tief im Feindesland gestanden. Wie konnte da plötzlich, fast buchstäblich von einem Tag zum anderen, der Krieg verloren sein? Das konnte nicht, so meinten sie, mit rechten Dingen zugegangen sein. Da mußte Verrat im Spiel gewesen sein.

Ein nur allzu deutliches Indiz war der Streik der Metallarbeiter im Januar und in den ersten Februartagen 1918, durch den zeitweilig die Produktion von Munition und ihr Transport an die Front stark behindert wurden. Die Kunde von diesen Vorgängen war bis in die Schützengräben gelangt. Viele der Frontsoldaten glaubten, daß die gleichen politischen Kräfte, die hinter dem Streik gestanden hatten, auch den Regierungsumsturz herbeigeführt hatten. Sie waren deshalb in ihren Augen Verräter; die Republik war, wie sie glaubten, das Werk der »November-Verbrecher«.

Diese Auffassungen waren falsch. Der Streik vom Januar 1918 hat zwar die Produktion von Munition zeitweilig beeinträchtigt, diese war aber ohnehin unzureichend geworden, um die Materialschlachten an der Westfront militärisch erfolgreich fortsetzen zu können. Hier lag keineswegs die entscheidende Ursache dafür, daß die letzten großen deutschen Offensiven an der Westfront im Juni und Juli 1918 ihr Ziel nicht erreichten und danach die Gegenoffensive der Truppen der »Entente« mit den frisch eingesetzten und mit neuem Material ausgerüsteten Einheiten aus den Vereinigten Staaten nicht aufgehalten werden konnte. Ebensowenig war die Revolution im November das Werk von Verrätern.

Doch man kann den Frontsoldaten, die keine Kenntnisse von dem tatsächlichen Sachverhalt hatten, ebenfalls keine bösen Absichten unterstellen, sondern kann nur – wie so vieles im nachhinein – beklagen, daß es versäumt worden war, sie besser aufzuklären. Es machte auf viele von ihnen auch einen verheerenden Eindruck, als sie, die nach schweren, verlustreichen Kämpfen in geordneten Einheiten in die Heimat zurückkehrten, hier sahen, in welchem Zustand die in der Etappe stehenden Truppen sich unter den »Soldatenräten« befanden, die inzwischen das Kommando übernommen hatten. Die Frontsoldaten fühlten sich selbst betrogen, wenn sie sehen mußten, wie ihren Offizieren, mit denen sie im Schützengraben gelegen hatten, die Schulterstücke und Ordensbänder abgerissen wurden.

Solche Frontsoldaten brauchte man bald, damit sie, zusammen mit jüngeren, noch nicht gedienten Männern, die Freikorps bildeten, die zur Niederschlagung der kommunistischen Kampfverbände und bald auch zum Kampf gegen vordringende polnische Verbände eingesetzt wurden. Sie retteten die deutsche Republik, die ohne ihren Einsatz eine kommunistische Räterepublik geworden wäre. Ihnen war es zu verdanken, daß der deutsch gebliebene Teil Oberschlesiens nicht von Polen überrannt wurde; daß Finnland, Estland, Lettland und damit auch Litauen damals nicht unter sowjetische Herrschaft gerieten.

Die Freikorps retteten die deutsche Republik und schufen die Voraussetzungen für den Aufbau der parlamentarischen Demokratie in Deutschland. Doch sie liebten diese Staatsform ebensowenig, wie sie, die Freikops, von den weitaus meisten Anhängern dieser Staatsform geliebt wurden. Angehörige der Freikorps und andere ehemalige Frontsoldaten, die eine gleiche oder ähnliche politische Einstellung wie sie hatten, fanden sich deshalb in den Gruppen zusammen, die nach einer Änderung der politischen Verhältnisse und nach einer anderen Staatsform strebten.

Sie erhielten auch aus weiteren Kreisen Zustrom, die den Umsturz vom November 1918 als ein Verhängnis ansahen und zu der neuen Staatsführung kein Vertrauen gewannen, sie vielmehr als schuldig oder zumindest mitschuldig für die seitdem unheilvoll verlaufende Entwicklung ansahen. Sie erkannten nicht, wie die deutsche Regierung durch das Vorgehen der Siegermächte in eine furchtbare Zwangslage gebracht wurde. Die Entscheidungen, die sie treffen mußte, konnten von große Teilen der Bevölkerung nicht verstanden werden, und sie wurde deshalb als falsch, von manchen als verbrecherisch eingeschätzt.

Die neue Reichsregierung, die sich am 9. November 1918 als »Rat der Volksbeauftragten« gebildet hatte, nahm im Vertrauen auf die Zusicherung, daß ein Friedensvertrag auf der Grundlage der vom amerikanischen Präsidenten Wilson verkündeten »Vierzehn Punkte« abgeschlossen werden sollte, am 11. November 1918 die Waffenstillstandsbedingungen der Alliierten an. Die erste bittere Enttäuschung war es, daß ungeachtet der Beendigung der Kampfhandlungen die Alliierten die Seeblockade Deutschlands fortführten und dadurch die Zufuhr wichtiger Lebensmittel unterbanden. Das trug im Winter 1918/19 zum Hungertod vieler Deutscher, vor allem von Kleinkindern und Säuglingen, bei.

Die nächste bittere Enttäuschung war es, daß die Siegermächte gar nicht daran dachten, mit den Besiegten über einen Friedensvertrag zu verhandeln. Verhandelt wurde in Versailles nur zwischen den Siegerstaaten, die sich darüber auseinandersetzten, was jedem einzelnen von ihnen an Gebietsteilen und Reparationen zugesprochen werden sollte. Das Ergebnis dieser Verhandlungen wurde dann den Deutschen zur Annahme – unter Androhung einer Verschärfung der Blockade und der Besetzung weiterer Teile Deutschlands – vorgelegt. Es war in der Tat kein Friedens-»Vertrag«, sondern ein »Diktat«.

Dieses Vorgehen der Siegermächte, verbunden mit der übermäßigen Höhe der Reparationsforderungen, die zudem nicht einmal klar begrenzt war, stieß auf allgemeine Ablehnung in Deutschland. Die stärkste Empörung erhob sich dagegen, daß in dem Vertragswerk, in Artikel 231, Deutschland die Alleinschuld an dem Ausbruch des Krieges zugesprochen wurde und die Deutschen dies mit der Annahme des Diktats durch ihre Unterschrift bestätigen sollten.

Für die Generationen, deren Bewußtsein durch die Zeitverhältnisse nach dem Zweiten Weltkrieg bestimmt war, ist es schwer zu begreifen, wie weite Kreise des deutschen Volkes diesen Schuldspruch als eine moralische Diffamierung empfanden und deshalb die Unterschrift unter das Vertragswerk als eine Schandtat ansahen. In der Regierung und unter den Abgeordneten der Nationalversammlung, die inzwischen gewählt worden und zusammengetreten war, hatte es quer durch alle Parteien hindurch Meinungsverschiedenheiten darüber gegeben, ob die Unterschrift geleistet werden sollte oder nicht. Sie erfolgte schließlich, weil die Verantwortlichen befürchten mußten, daß sonst nur noch Schlimmeres für das deutsche Volk heraufbeschworen würde.

Wer diese Entscheidung für falsch hielt – etwa aus einer Einstellung heraus, daß man lieber »ein Ende mit Schrecken als eine Schrecken ohne Ende« wagen sollte –, fand in der Folgezeit nur noch allzu oft Anlaß, ein Nachgeben der Regierung gegenüber Rechtsbrüchen der Siegermächte zu beklagen. Die Höhe der Reparationsforderungen stand in klarem Gegensatz zu den »Vierzehn Punkten« Wilsons. Dort war gesagt, daß mit den Wiedergutmachungsforderungen, den Reparationen, die Verluste der Zivilbevölkerung entschädigt werden sollten. Im Versailler Diktat wurde jedoch darüber weit hinaus eine Entschädigung für sämtliche Kosten und Schäden verlangt, die den alliierten und assoziierten Staaten durch den Krieg – bis hin zu den Renten für Kriegsteilnehmer und Kosten für die Besetzung deutschen Gebietes nach der Einstellung der Kampfhandlungen – entstanden waren und noch entstehen sollten.

Auch der Grundsatz der »Vierzehn Punkte«, daß bei Grenzänderungen das »Selbstbestimmungsrecht« beachtet werden sollte, wurde gegenüber Deutschland nicht eingehalten. Damit Polen einen Zugang zum Meer erhielt, wurde der größte Teil Westpreußens ohne Volksabstimmung dem polnischen Staat zugesprochen. Ohne die Bevölkerung zu befragen, wurde eine »Freie Stadt Danzig« mit Vorrechten für Polen gebildet. Das Abstimmungsergebnis für Oberschlesien wurde manipuliert, um Polen die besten Kohlereviere zukommen zu lassen. Die Abtretung des Memel-Gebietes war ein weiterer Bruch des Selbstbestimmungsrechtes.

Die Deutschen wurden von den Siegermächten als rechtlos behandelt. Die Regierung, die sich dies gefallen lassen mußte, und die Parteien, die hinter dieser Regierung standen, konnten nicht die Liebe der Bevölkerung gewinnen. Es war nicht zu verwundern, daß in vielen Gruppen und Zirkeln, in großen und kleinen, Menschen zusammenkamen, die darüber diskutierten, wer Schuld an dieser Lage hätte und was geschehen müßte, um eine Änderung herbeizuführen.

Die verschiedensten Auffassungen über die Ursachen für die Notlage und die Mittel und Wege zu ihrer Überwindung wurden vertreten. Während auf einer Seite im Kommunismus die größte Gefahr für die Zukunft Deutschlands gesehen wurde, glaubten andererseits manche, daß die Deutschen sich mit der Sowjetunion verbünden müßten, um sich der Bedrückung durch die »Westmächte« zu erwehren. »National« waren sie alle und die meisten zugleich auch »sozial«. Sie wollten einen Sozialismus, der aber nicht »marxistisch-kommunistisch« sein sollte, einen Sozialismus, der nicht »materialistisch« ausgerichtet sein durfte, sondern aus dem Gefühl der »Gemeinschaft« erwachsen sollte.

Nur ganz wenige dieser Gruppen gewannen einen festeren Mitgliederkreis und hatten längere Zeit Bestand, wie etwa – um nur diese beiden zu nennen – der im Dezember 1918 gegründete »Deutschvölkische Bund«, der sich später »Deutschvölkischer Schutz- und Trutzbund« nannte und Ende 1922 die »Deutschvölkische Freiheitspartei« bildete, und der Kreis um den politischen Schriftsteller Ernst Niekisch, der aus seiner »national-bolschewistischen« Einstellung sich 1918/19 für ein Zusammengehen mit Kommunisten einsetzte, aber vor allem das »Nationale« betonte und damit auch bei nicht-kommunistisch eingestellten Kritikern der demokratischen Parteien Gehör fand.

Es war das Werk Adolf Hitlers, daß aus der kleinen Gruppe, die sich »Deutsche Arbeiterpartei« nannte, die stärkste politische Organisation Deutschlands wurde. Er war bei seinem Eintritt am 16. September 1919 ihr fünfundfünfzigstes Mitglied. Sogleich wurde er siebentes Mitglied eines siebenköpfigen Arbeitsausschusses. Daraus entstand später die allgemein für wahr gehaltene Legende, er sei Parteimitglied »Nr. 7« gewesen.

In dem Arbeitsausschuß übernahm Hitler die Werbung, die Propaganda. Er erwies sich hierin als ein Meister, der mit seiner Handhabung der Propaganda der Partei neue Mitglieder in immer größerer Zahl zuführte. Zugleich verstärkte er seinen Einfluß in der Führung der Partei, die im August 1920 ihren Namen in »Nationalsozialistische Deutsche Arbeiterpartei« (NSDAP) änderte. Im Jahr darauf trat Hitler offiziell mit weitreichenden Vollmachten an ihre Spitze; Anton Drexler wurde als »Ehrenvorsitzender« ausgeschaltet. Harrer hatte die Partei, als er seinen Einfluß schwinden sah, schon vorher verlassen.

Hitler gewann die Mitglieder der Partei zu seinen Gefolgsleuten vor allem dadurch, daß er es verstand, bei Menschen der verschiedensten Einstellungen den Eindruck zu erwecken, ja, sie voll davon zu überzeugen, daß er von den gleichen Absichten und Gefühlen getragen werde wie sie, daß er nach dem gleichen Ziel strebe und mit seiner Energie eine Gewähr für die Erreichung dieses Zieles gäbe. Seine Art, sein Auftreten und seine Redeweise, die bei manchen Mißtrauen und Widerwillen erweckten, wirkte bei anderen vertraueneinflößend und gab ihnen Zuversicht. Um zu verstehen, wie Hitler seine Anhänger gewinnen, sie zu vertrauenden, hingebungsvollen Gefolgsleuten formen konnte, muß man sich vergegenwärtigen, daß es Menschen waren, die sich in einer großen – vor allem seelischen, aber zum Teil dazu noch materiellen – Not befanden. Sie waren verzweifelt über das Schicksal ihres Vaterlandes oder gar auch über das Schicksal des Abendlandes, das sie von der Gefahr des Bolschewismus bedroht sahen, und dazu auch über das eigene Schicksal. Sie sahen sonst niemanden, von dem sie eine Behebung der Not erwarten konnten. Im Gegenteil: Sie hatten zu befürchten, daß die regierenden Politiker mit den Parteien, die hinter ihnen standen, nur noch alles verschlimmern würden.

Da trat ein Mann auf, der gleiches fühlte und dachte wie sie; der ihre Sorgen und Befürchtungen teilte; der aber voller Zuversicht war, daß eine Wende zum Besseren möglich war, daß die Not überwunden, Deutschland einer besseren Zukunft zugeführt werden könnte. Die Sorgenden und Verzweifelten hörten nicht nur die Botschaft, die Hitler verkündete. Da sie etwas Hoffnungsvolles, Zukunftsweisendes glauben wollten, gewannen sie diesen Glauben und glaubten an den Mann, der die Verheißungen aussprach. In diesem Glauben bildeten sie seine Gefolgschaft.

Es waren von Anbeginn an Angehörige der verschiedensten Volkskreise, die sich in der »Deutschen Arbeiterpartei«

und später in der NSDAP mit ihren Gliederungen zusammenfanden. »Arbeiter der Stirn und Arbeiter der Faust« hieß es in den Parteireden. Der Journalist und Schriftsteller Harrer hatte Intellekturelle, der Schlosser Drexler Arbeiter und Angestellte in die Partei gebracht; Kaufleute und Handwerker, bald auch größere Unternehmer kamen hinzu. Alte Frontsoldaten und junge Freikorpskämpfer folgten Hitler in die Partei.

In der Gesellschaft Münchens, der »besseren Gesellschaft«, und in Künstlerkreisen, dazu in Kreisen, die man nach neuerem Sprachgebrauch als »Jet-set« und »Schickeria« bezeichnen könnte, wurde man auf Hitler und seine Gefolgschaft aufmerksam. Mancher aus diesen Kreisen, der aus Neugier, weil er von anderen etwas über Hitler gehört hatte, sich ihn nun einmal anschauen wollte, wurde so stark von ihm beeindruckt, daß er sich ihm anschloß und zu einem Werber für den Nationalsozialismus wurde.

Wer kann es heute noch glauben, daß Künstler, deren Werke später zur »entarteten Kunst« gerechnet wurden, zu den frühen Anhängern Hitlers gehörten? Oder daß auch einzelne Juden in die Partei eintraten und erst auf strikte Anordnung Hitlers aus der Partei ausgeschlossen wurden? Mindestens zweimal ergingen Erlasse, die nachdrücklich die Aufnahme von Juden untersagten und für die bereits aufgenommenen die Entlassung anordneten.

Zu der Wirkung der Person Hitlers kam seine Parteipolitik, mit der er erreichte, daß die »Deutsche Arbeiterpartei« nicht das Schicksal der anderen politischen Gruppen mit Zerfall und Auflösung teilte, sondern zur machtvollen »Bewegung« wurde. Hitler sorgte dafür, daß die Partei und möglichst viele ihrer Mitglieder – und selbst Anhänger, die sich nicht organisatorisch anschlossen – ständig in Aktion waren und sich bei ihnen das Gefühl der Zusammengehörigkeit entwickelte und es erhalten blieb.

Von den anderen Parteien in Deutschland betrieben allein die Kommunisten eine ähnliche, in weiten Teilen gleiche Politik der Aktivierung der Mitglieder. Erst in der letzten Phase der Epoche der Weimarer Republik, viel zu spät, als daß es noch Erfolg bringen konnte, begannen die übrigen Parteien, mit stärkerer Betätigung ihrer Mitglieder den Nationalsozialisten und Kommunisten entgegenzutreten. Frühere Ansätze dazu, wie sie von Jugendorganisationen der Parteien und einzelnen anderen Organisationen ausgingen, waren zu schwach, um eine größere Wirkung zu erzielen.

Hitler setzte Parteimitglieder zuerst für seine Werbeaktionen ein. Sie mußten für den Besuch der Parteiveranstaltungen und für die Gewinnung neuer Mitglieder durch Verteilen von Flugblättern und Flugschriften sowie möglichst auch durch Gespräche werben. Sie hatten ihre Beiträge, möglichst mit Beträgen über die angesetzten Mindestsätze hinaus, zu zahlen und sollten möglichst viele andere zu Spenden auffordern; zu kleinen Spenden, für die mit Sammelbüchsen Geld von Passanten auf den Straßen und an den Haustüren eingesammelt wurde, und zu größeren Beträgen, zu denen zahlungskräftige Mitbürger in Gesprächen aufgefordert wurden.

Redegewandte Parteimitglieder, die über lautstarke Stimmen verfügten, hatten die Veranstaltungen anderer Parteien und Organisationen zu besuchen, um dort in den Diskussionen den Argumenten der Gegner entgegenzutreten und für die NSDAP zu werben. Hitler wußte, daß es dadurch bei Versammlungen der anderen zu Tumulten kommen mußte und daß die Gegner, vor allem die Kommunisten, herausgefordert wurden, in den Veranstaltungen der

NSDAP mindestens ebenso lautstark und störend aufzutreten und hier gleiche oder noch größere Tumulte hervorzurufen, die zu »Saalschlachten«, oft mit vielen Verletzten und – in Einzelfällen – sogar mit Toten, führten.

Hitler nahm diese Zuspitzungen des politischen Kampfes bewußt in Kauf oder suchte sie vielleicht sogar. Er organisierte einen schlagkräftigen Saalschutz, aus dem sich die »Sturm-Abteilungen«, die »SA«, entwickelten. Die SA befand sich ständig »im Einsatz«. Sie veranstaltete immer wieder Propaganda-Märsche und -Umzüge oder rollte auf Lastwagen zur Propaganda durch die Straßen der Großstädte. Bewußt zog sie durch die Arbeiterviertel, die bis dahin von den Kommunisten als ihre Reservate betrachtet wurden.

Die Marschkolonnen und Lastwagenfahrten der SA, die sich hier zeigten, betrachteten die Kommunisten als Provokation und stellten sich mit Abteilungen ihrer Kampforganisation »Rot Front« entgegen. Es kam zu Straßenschlachten mit Verwundeten und nicht selten auch mit Todesopfern auf beiden Seiten. In späteren Jahren häuften sich die Überfälle von Kommunisten auf einzelne und Gruppen von SA-Leuten, und ebenso erfolgten Überfälle auf Kommunisten mit Mord und Totschlag auf beiden Seiten.

Der harte Einsatz der SA zog Männer an, die Schlägereien und Kampf nicht scheuten. Darunter waren manche, die als Achtzehn- oder Neunzehnjährige Soldaten geworden waren, die nichts als Krieg und Kampf gelernt hatten. Hinzu kamen auch manche, die von ihrer Veranlagung her nichts von einem »bürgerlichen« Leben wissen wollten und den Kampf um des Kampfes willen liebten. Hitler zog bewußt solche Menschen heran, weil ihre »Schlagkraft« für ihn ein wichtiges Instrument zur Erlangung der politischen Macht war.

Er nahm es in Kauf, daß ihre rüden, in Einzelfällen bis

ins Verbrecherische gehenden Kampfmethoden viele abschreckte und zu seinen Gegnern machte. Nicht wenige seiner Anhänger betrachteten dieses Vorgehen mit Besorgnis und waren entsetzt über die Schreckenstaten. Doch sie sagten deshalb Hitler nicht ihre Gefolgschaft auf und trösteten sich mit dem Grundsatz: »Der Zweck heiligt die Mittel.« Sie erkannten die Kampfmethoden als ein Übel, aber als ein Übel, das den Nationalsozialisten auf ihrem Weg durch die ebenso schlimmen oder noch schlimmeren Kampfmethoden der Kommunisten aufgezwungen war und das bei einem weiteren Fortschreiten zum Ziel der Rettung Deutschlands verschwinden würde.

Jeder Versuch, die Anhängerschaft Hitlers am Beginn seines politischen Hervortretens einheitlich zu charakterisieren, ist zum Scheitern verurteilt. Noch weniger kann es im weiteren Verlauf seines Wirkens gelingen. Es waren allzu unterschiedliche Menschen, die aus den verschiedensten Lebenskreisen kamen und durchaus andersgeartete Einstellungen hatten. Es war Hitlers großes Geschick, sie mit diesen Unterschieden, Verschiedenheiten und andersgearteten Einstellungen für sein Vorgehen zu gewinnen, sie davon zu überzeugen, daß er der Geeignete war, sie zu führen und sie zu den Zielen zu führen, denen sie – oft ohne eine klare Vorstellung von diesen Zielen zu haben – zustrebten, und die im Grunde die seinen waren.

Unter seinen ersten Anhängern finden sich reine Idealisten neben Menschen mit Neigungen, die ins Verbrecherische gingen. Hochintelligente stehen Seite an Seite mit Schwarmgeistern und Dummköpfen. Gemeinsam ist den meisten von ihnen die Bereitschaft, dem Mann, dem sie die Führungseigenschaft einmal zugesprochen haben, weiter zu folgen, auch wenn später seine Handlungen bei ihnen Bedenken erwecken, und, wenn Zweifel an der Richtigkeit ihres Entschlusses einmal aufkommen wollen, diese zu unterdrücken.

Für die ersten Anhänger, die Hitler schon vor dem November-Putsch 1923 folgten und an diesem Putsch teilnahmen, bildete sich der Begriff »alte Kämpfer«. Viele von ihnen, vor allem die Teilnehmer am Putsch, waren wirklich Kämpfer, wie immer man zu ihrem Kampf stehen mag. Doch keineswegs alle, die damals Mitglieder der NSDAP waren, hatten kämpferische Neigungen oder zeigten wirklich Kampfesbereitschaft. Später sprachen sich alle, die in der Zeit, in der die Nationalsozialisten noch eine Minderheit neben den Anhängern der großen Parteien bildeten, Mitglieder der NSDAP waren, die Eigenschaft des »alten Kämpfers« zu. Das wurde ihnen 1933 auch offiziell zugestanden, als allen Mitgliedern mit den Mitgliedsbuch-Nummern bis zu Hunderttausend das »Goldene Parteiabzeichen« verliehen wurde, das daneben nur Personen mit besonderen Verdiensten um die Partei oder Deutschland verliehen bekamen.

Die »alten Kämpfer« betrachteten sich als die besonders treue Gefolgschaft Hitlers und wurden als solche betrachtet. Doch in ihren Reihen wuchsen auch Gegner seiner Politik und seiner Person heran.

Wachsender Kreis der Anhänger

Die Menge schwankt in ungewissem Geist,
dann strömt sie nach,
wohin der Strom sie reißt.

Goethe

Im April 1920 gründeten die Nationalsozialisten in Rosenheim die erste Ortsgruppe außerhalb Münchens. Seitdem breitete Hitler seine Propaganda verstärkt über Bayern und darüber hinaus auf ganz Deutschland aus und nahm Fühlung mit Gleichgesinnten in Österreich auf. Überall fand er Zuspruch und neue Mitglieder; doch mit einem deutlichen Süd-Nord-Gefälle. Mit der Abnahme der Entfernung von München nahm auch die Zahl seiner Anhänger ab. In Norddeutschland hatten die »Deutsch-Völkischen« aus den Kreisen, die im Süden den Nationalsozialisten zuneigten, einen stärkeren Zuspruch.

Von den neuen Anhängern der nationalsozialistischen Partei – oder der »Bewegung«, wie sie sich im Hinblick auf ihre Ablehnung des »Parteien-Staates« lieber nannte – wurden die wenigsten durch das offizielle Parteiprogramm gewonnen, das Hitler zusammen mit Gottfried Feder und unter Mitwirkung noch anderer Parteigenossen ausgearbeitet und am 24. Februar 1920 als ein »25-Punkte-Programm« verkündet hatte. Es wurde von vielen gar nicht gelesen und von den meisten, die es lasen, nicht genauer geprüft.

Es war auch zu unklar gehalten. Sein Hauptinhalt war die Forderung nach der Schaffung eines »Großdeutschland« – das hieß Anschluß von Österreich, den Reichsdeutsche und stärker noch Österreicher schon 1918 herbeiführen wollten, den aber die Siegermächte entgegen dem Grundsatz des Selbstbestimmungsrechts der Völker untersagt hatten –, Aufhebung der Friedensverträge, Ausschluß der Juden aus der Volksgemeinschaft, Abschaffung der Stellenbesetzungen nach Parteigesichtspunkten, Ausweisung aller Fremden, »Brechung der Zinsknechtschaft« und Abschaffung des arbeits- und mühelosen Einkommens, Verstaatlichung aller »vergesellschafteten (Trusts) Betriebe«, Gewinnbeteiligung an Großunternehmen, Kommunalisierung der Großwarenhäuser, Bodenreform, Todesstrafe für »Wucherer, Schieber« usw., Abschaffung »der Söldnertruppe« und Bildung einer Volksarmee, scharfe Reglementierung der Presse und Kampf gegen eine Kunst- und Literaturrichtung, die einen zersetzenden Einfluß auf unser Volksleben ausübt. Im vorletzten Punkt des Programms wurde »positives Christentum« dem »jüdisch-materialistischen Geist« gegenübergestellt. Im letzten Punkt wurde eine starke Zentralgewalt für Deutschland gefordert mit Stände- und Berufskammern als Ausführungsorgane.

Die antisemitischen Thesen waren im Programm verhältnismäßig knapp gehalten. In den Propagandareden Hitlers nahmen sie dagegen meist mehr Raum ein und wurden, vor allem in der ersten Zeit, mit großer Vehemenz vorgetragen. Für ihn war der Antisemitismus, den er in einer stark ausgeprägten Form in Wien kennengelernt hatte und der danach durch die Lehren des Grafen Gobineau und Houston Stewart Chamberlains in der Rassentheorie von der Höherwertigkeit der »Arier« gegenüber anderen Rassen und dem besonderen Wert des »Germanentums« verfestigt wurde, eine der wichtigsten Leitlinien seines politischen Handelns – in seinen letzten Lebensjahren die wichtigste und schließlich vielleicht nur noch die einzig wichtige Leitlinie.

Im Antisemitismus fand Hitler auch die ihm – und vielen

anderen Antisemiten – logisch erscheinende Erklärung zweier sonst konträrer Tatbestände, die beide in fast gleicher Weise von ihm bekämpft wurden: das »internationale Kapital«, das, wie er überzeugt war, die Völker ausbeutete und sich besonders gegen Deutschland verschworen hatte, und der Bolschewismus. Kapital und Bolschewismus, das waren doch Feinde. Aber diese Feindschaft war nur scheinbar; hinter beiden stand als geheime Macht und Drahtzieher das »internationale Judentum«, das nach der Weltherrschaft strebte und sich der beiden Mittel, des internationalen Kapitals und des Bolschewismus, gestützt auf den Marxismus, bediente.

Unter ersten Mitstreitern und Anhängern Hitlers sowie auch unter denen, die sich im Verlauf der Zeit in diese Gefolgschaft begaben, gab es ähnlich oder gleich radikale Antisemiten. Man denke nur an Julius Streicher. Doch es war nur ein kleiner Teil seiner Anhängerschaft, der radikal antisemitisch eingestellt war. Am stärksten war der Antisemitismus in München und einigen bayerischen und fränkischen Gebieten. Weiter nach Norden zu nahm die Zahl der radikalen Antisemiten und stärker noch ihre Bedeutung in der Partei ab.

Im Deutschvölkischen Bund und der Deutschvölkischen Freiheitspartei – und ähnlich in einigen anderen »rechts« eingestellten Organisationen – gab es einige radikal antisemitische Gruppen, die lautstark auftraten, aber wenig Einfluß hatten und auf die meisten Mitglieder dieser Organisation kaum Eindruck machten. Die starke Agitation, die von einzelnen Antisemiten und antisemitischen Gruppen in den ersten Jahren nach dem Ersten Weltkrieg entfaltet wurde, hat ihre Wirkung in der Bevölkerung größer erscheinen lassen, als sie es tatsächlich war.

Es waren nur wenige und kleine Gruppen, die von dieser

antisemitischen Propaganda erfaßt wurden und in den Juden eine Gefahr sahen. Gewiß gab es einzelne, die hinter allen bösen Vorgängen das Wirken geheimer Mächte ahnten und deshalb Machwerke, wie die »Protokolle der Weisen von Zion«, als Beweis für das Wirken einer jüdischen Weltmacht betrachteten und an Schandtaten der Juden, wie die ihnen immer wieder zugeschriebenen »Ritualmorde«, glaubten.

Viele Deutsche hatten eine etwas gespaltene Einstellung zu Juden und zum Judentum. Daß ein Bevölkerungsteil, der eine Minderheit bildete und mit seiner Religion und Tradition eine eigene Zusammengehörigkeit hatte, also – ungeachtet der Sprach- und Kulturgemeinschaft und seiner bewußten und betonten Zugehörigkeit zum Staat – nicht voll zum Volksganzen gehörte, eine führende Rolle im politischen und kulturellen Leben spielte, bereitete ihnen Unbehagen. Es trat hervor, wenn sie sahen, wie Juden in den verschiedensten Bereichen in prominente Stellungen gelangten, auch wenn sie diese durch ihre Intelligenz und Leistung erreichten.

Vor allem der Einfluß von Juden in der Presse mit der starken Propagierung von Kulturrichtungen im Theaterleben, in der Literatur und in den bildenden Künsten, die von ihnen bevorzugt und gefördert wurden und vorwiegend auch von ihnen getragen waren, stieß in weiten Kreisen auf Ablehnung. Diese wuchs noch dadurch, daß gleichzeitig andere Kulturrichtungen, vor allem die, die als »deutsch« und »volksnah« empfunden wurden, und die Vertreter dieser Richtungen mit scharfer und oft herabsetzender Kritik bedacht wurden.

Diese latent antisemitische Strömung wirkte sich aber nur in Einzelfällen auf das Verhalten der Deutschen gegenüber ihren jüdischen Mitbürgern aus. Sie war unvergleichbar geringer als der Antisemitismus in den osteuropäischen Ländern oder auch in Großbritannien und in den Niederlanden. Die dort in Großstädten, vor allem in London und Amsterdam, in einzelnen Stadtteilen geballt zusammenlebenden orthodoxen Juden, die sich in Kleidung und Lebensweise von der übrigen Bevölkerung abhoben, sie als »Fremde« erscheinen ließen, hatten einen kräftigeren Nährboden für radikalen Antisemitismus gegeben und auch nichtradikale antisemitische Strömungen verstärkt.

Nur in wenigen deutschen Städten, wie Frankfurt am Main, Berlin und Breslau, gab es in größerer Zahl geballt zusammenwohnende und sich deutlich von der übrigen Bevölkerung abhebende orthodoxe Juden. Sie forderten hier keinen – oder nur einen in seinem Ausmaß geringen – aktiven Antisemitismus heraus. Als aber im Verlauf der Nachkriegsjahre – seit 1919 – ein Zustrom von orthodoxen Juden aus Osteuropa – von »Ostjuden«, wie man sie nannte – einsetzte, löste dies manche antisemitischen Regungen aus.

Dieser Zustrom war vielen der in Deutschland ansässigen – in ihrer Religion meist dem »reformierten« oder »liberalen« Judentum angehörigen – Juden unerwünscht und lästig. Sie waren ihnen in ihrem Wesen fremd, und sie befürchteten, wie sich herausstellte, zu Recht, daß dieser Zustrom zu einem Aufleben des Antisemitismus in Deutschland beitragen könnte.

Es hat darüber hinaus auch unter den Juden in Deutschland warnende Stimmen gegeben, daß ihr eigenes Verhalten selbst mit der Hervorkehrung ihrer Eigenart, verbunden mit ihrem Geltungsstreben, zu einer judenfeindlichen Stimmung beitrage. Man denke nur an den Artikel »Höre, Israel«, den Walter Rathenau schon vor der Jahrhundertwende in der Zeitschrift Maximilian Hardens, »Zukunft«, veröffentlicht hatte.

Der Antisemitismus, den Hitler vertrat und wie er in den »Fünfundzwanzig Punkten« formuliert war, hat ihm nur wenige Anhänger eingebracht. Er hat vielleicht mehr Deutsche davon abgehalten, der Partei beizutreten. Die antisemitische Propaganda, die Hitler in der Partei und ihren Gliederungen, vor allem in der SA und später in der »Hitler-Jugend«, betrieb, hat dann jedoch, die unterschwelligen antisemitischen Regungen ausnutzend, einen ihm erwünschten Erfolg gebracht und zuerst in manchen, im Verlauf des Zweiten Weltkrieges dann in vielen den Antisemitismus geweckt und wachsen lassen.

Etwas mehr Werbewirksamkeit haben die wirtschaftlichen Programmpunkte und die von Hitler gebrauchten Schlagworte gehabt. Die Forderung »Brechung der Zinsknechtschaft« sprach viele an. Der Zins gilt schon seit vorchristlichen Zeiten und für Christen bis ins Hochmittelalter hinein als ein Übel; immer wieder wird er als Ursache wirtschaftlicher Fehlentwicklungen hingestellt. Hitlers Unterscheidung zwischen »schaffendem« und »raffendem« Kapital erschien vielen als ein plastischer Ausdruck der Mißstände des »Kapitalismus«, die nun mit der »Abschaffung des arbeits- und mühelosen Einkommens« und dem Vorgehen gegen »Wucherer, Schieber usw.« beseitigt werden sollten.

Mit der Forderung der »Kommunalisierung der Großwarenhäuser« wurden die vielen, in wirtschaftliche Bedrängnis geratenen kleinen Einzelhändler unmittelbar angesprochen, mit der »Gewinnbeteiligung an Großunternehmen« und der Verstaatlichung von Trusts die Arbeiter. Wenn Gottfried Feder in den Versammlungen erklärte: »Wir werden den gesunden Wettbewerb nicht abschaffen, aber die Ellenbogenfreiheit rücksichtsloser Geschäftemacher beseitigen«, dann fand er die Zustimmung vieler, die sich dies wünschten und nicht darüber nachdachten, wie schwer es sein würde, hier die richtige Trennungslinie zu finden.

Doch es war weit weniger dieses Wirtschaftsprogramm – wenn man überhaupt die Stellungnahme zu Wirtschaftsfragen in den »Fünfundzwanzig Punkten« und in den Reden Hitlers, Feders und anderer Parteigrößen auf Versammlungen so bezeichnen konnte – als die hereinbrechende wirtschaftliche Not seit dem Winter 1928/29 und die Hilflosigkeit der Regierung, ihr zu begegnen, die eine Massenbewegung zu den Nationalsozialisten herbeiführte. An den Abstimmungsergebnissen der Reichstagswahlen läßt sich dieser Umschwung ablesen.

Bei den Wahlen im Dezember 1924 hatten die Nationalsozialisten/Deutschvölkischen knapp drei Prozent der Stimmen erhalten, die ihnen vierzehn Abgeordnetensitze verschafften. Im Mai 1928 erhielten sie sogar nur etwas mehr als zweieinhalb Prozent der Stimmen und zwölf Abgeordnete. Aber seit im Jahre 1929 die Arbeitslosigkeit riesig angewachsen war und weiter wuchs, immer mehr kleine, mittlere und auch große Unternehmen zusammengebrochen waren und noch mehr von ihnen vor dem Zusammenbruch standen, die Regierung dieser Entwicklung keinen Einhalt gebieten konnte und die Parteien mit koalitions- und parteitaktischen Fragen beschäftigt waren, aber keine handlungskräftige Regierung bilden konnten, wandten sich viele den Nationalsozialisten zu.

Die Reichstagswahl im September 1930 brachte der NSDAP bereits 18,5 Prozent der Stimmen und machte sie mit 107 Abgeordneten von 577 zur zweitstärksten Partei. Nach der großen Krise vom Juli 1931, die die Arbeitslosigkeit noch höher anschwellen und noch mehr Unternehmen zusammenbrechen ließ, stieg bei den Wahlen im Juli 1932 der Stimmenanteil der NSDAP auf 38 Prozent. Mit 230 von insgesamt 603 Abgeordneten waren die Nationalsozialisten jetzt die weitaus stärkste Partei im Reichstag und stellten nach parlamentarischem Brauch den Reichstagspräsidenten mit Hermann Göring.

Die letzte Reichstagswahl, bevor Hitler die Übernahme der Regierungsführung angetragen wurde, am 6. November 1932, brachte den Nationalsozialisten einen Stimmenrückgang auf einen Anteil von 34,1 Prozent und eine Abnahme der Abgeordnetensitze auf 196 von insgesamt 575. Sie blieben damit immer noch die bei weitem stärkste Partei. Es herrschte wohl etwas Enttäuschung darüber, daß der Vormarsch der Nationalsozialisten nicht so rasch weiterging, wie es einige der Wähler der NSDAP bei den vorangegangenen Wahlen erwartet hatten. Sie gaben ihre Stimmen nun den Deutschnationalen, der Deutschen Volkspartei und den Christlich-Sozialen, die alle drei, aufgeschreckt durch die Ergebnisse der vorangegangenen Wahlen, eine stärkere Propaganda entfaltet hatten.

Einige Stimmen von Arbeitern, die vordem NSDAP gewählt hatten, kamen wohl auch den Kommunisten zugute. Diese holten sich, nachdem sie schon bei den vorangegangenen Wahlen vorgerückt waren, im November 1932 über 600000 Stimmen und zehn Reichstagsmandate von den Sozialdemokraten. Mit 100 Abgeordneten waren sie jetzt hinter den 121 Abgeordneten der SPD die drittstärkste Partei im Reichstag, mit weitem Abstand vor den anderen Parteien.

Daß mit dem Ergebnis der Reichstagswahl im November 1932 nur eine zeitweilige Abschwächung, aber kein Umschwung in dem Zulauf der Wähler zu den Nationalsozialisten eingetreten war, zeigte sich bald darauf bei einer Landtagswahl, der Wahl in Lippe am 15. Januar 1933. Es war nur ein kleines Land mit nicht einmal 200000 Einwohnern. Doch die Zunahme der Stimmen um fünf Prozent gegenüber der Stimmenzahl vom November 1932 auf fast vierzig galt als symptomatisch und war es wohl auch – für die fortdauernde oder gar wieder zunehmende Gunst der Wähler für die NSDAP.

Es war weniger Begeisterung, mit der so viele Deutsche ihre Stimmen für die NSDAP abgaben; vielmehr war es die Verzweiflung über das Versagen der anderen Parteien. Immer mehr Wähler glaubten, daß sie weder von den Sozialdemokraten auf der einen noch von den Deutschnationalen auf der anderen Seite eine Wende zum Besseren erwarten konnten. Die Parteien in der Mitte, von der Deutschen Volkspartei bis zu der Demokratischen oder der späteren Staatspartei, oder gar die kleinen Splitterparteien, wie die Mittelstands- oder die Hausbesitzerpartei, erweckten auch keine Hoffnung. Allein das Zentrum bewahrte seinen Wählerstamm, wohl dank seiner religiösen Bindung.

In ihrer Verzweiflung, weil sie nicht mehr wußten, welche Partei sie sonst wählen sollten, setzten so viele nun auf die NSDAP, und unter der Arbeiterschaft viele ähnlich auf die Kommunisten. So wie bisher Politik betrieben wurde, brachte es nichts Gutes. Da wollte man es eben einmal mit den Parteien versuchen, die erklärten, daß sie es grundsätzlich anders machen würden als die Parteien, die bisher die Regierungen gestellt hatten. Für viele, die jetzt die NSDAP wählten, war dies keine Hinwendung zum Nationalsozialismus aus voller Überzeugung. Es war mehr ein Versuch zu prüfen, ob die NSDAP es vielleicht besser machen könnte als die anderen Parteien, deren Versagen Not und Verzweiflung herbeigeführt hatte.

Hitler sah, daß er als Folge der Wirtschaftskrise neue Wähler in »bürgerlichen« Kreisen gewann, vor allem im Mittelstand, daß aber auch mittlere und größere Unternehmer sich fragten, ob die NSDAP regierungsfähig werden und man mit ihr zusammenarbeiten könnte. Dagegen gingen Arbeiter, die an der Sozialdemokratischen Partei und der ihr nahestehenden Gewerkschaft – dem Allgemeinen Deutschen Gewerkschaftsbund, ADGB – verzweifelten, stärker zu den Kommunisten über. Zwar hatte die SA auch einen recht starken Zustrom von Arbeitslosen, und die nationalsozialistische Gewerkschatsorganisation – mit den Nationalsozialistischen Betriebsobleuten, den NSBO – gewann in den Betrieben an Boden.

Doch Hitler erschien es nun – mit dem Blick auf den besten Weg zur Erlangung der Regierung und auf die wirtschaftlichen Maßnahmen, die unmittelbar nach der Übernahme der Regierung am zweckdienlichsten sein würden – wichtiger, seine Anhängerschaft in den bürgerlichen Kreisen zu vergrößern und führende Wirtschaftsleute für sich und seine Politik zu gewinnen. Er war bereit, dafür vielleicht einiges Mißtrauen bei den Arbeitern in seinem Gefolge aufkommen und Verärgerungen bei denen in der Partei entstehen zu lassen, die auf den Sozialismus im nationalsozialistischen Programm den größten Wert legten.

In seinen Reden wurden die Angriffe auf den Kapitalismus seltener und schwächer. Auch der Text der »Fünfundzwanzig Punkte« wurde bei Neuauflagen seit 1929 etwas geändert. Unter Punkt 14 hieß es für die Gewinnbeteiligung nicht mehr einfach bei »Großbetrieben«, sondern bei »Großbetrieben wie der IG Farben«, um damit zu erklären, daß die Gewinnbeteiligung auf die allergrößten Unternehmen beschränkt bleiben sollte. Später, 1935, wurde dann der Zusatz »wie der IG Farben« wieder fortgelassen. Auch in seinen antisemitischen Auslassungen wurde Hitler – gelegentlich wenigstens – etwas vorsichtiger, wenn er spürte, daß er damit auf Ablehnung stieß. Wie Theodor Heuss berichtet, erklärte er nach den September-Wahlen 1930 einem ausländischen Besucher, er habe nichts gegen »anständige« Juden.

Wieweit die Veränderung der Haltung Hitlers innerhalb seiner Gefolgschaft gespürt und, soweit sie erkennbar war, nicht als ein rein taktisches Vorgehen beurteilt – was sie in der Tat auch war –, sondern als Verrat empfunden wurde, ist schwer zu sagen. Sicher waren etliche unter seinen sozialistisch eingestellte alten Kämpfern mit diesem Vorgehen nicht einverstanden.

Otto Strasser, früher Mitglied der SPD, der 1925 seinem Bruder Gregor in die NSDAP gefolgt war, ließ es auf einen Konflikt mit Hitler ankommen. Als im Frühjahr 1930 die Metallarbeiter in Sachsen streikten, ließ Hitler im »Völkischen Beobachter« den Nationalsozialisten die Teilnahme am Streik strikt untersagen. Das sächsische Parteiblatt »Sächsischer Beobachter«, das den Brüdern Strasser gehörte und von Otto geleitet wurde, nahm jedoch zugunsten der Streikenden Stellung. Hitler war darüber empört und forderte Gregor Strasser auf, den »Sächsischen Beobachter« an den Verlag des »Völkischen Beobachters« zu verkaufen. Während Gregor die Entscheidung hinauszögerte, hielt Otto Strasser den Zeitpunkt für gekommen, sich von Hitler loszusagen. »Die Sozialisten verlassen die NSDAP«, erklärte er am 4. Juli 1930. Doch es waren nur wenige, die sich ihm anschlossen und der von ihm neu gegründeten Organisation »Schwarze Front« beitraten.

Schon vorher hatte es einen mit dem Namen Strasser, jedoch damals mit dem des Bruders Gregor, verbundenen Richtungskampf in der NSDAP gegeben. Gregor Strasser war mit Hitler wegen des Putsches vom November 1923 verurteilt, aber – aus der Haft heraus zum Abgeordneten des Bayerischen Landtages gewählt – früher entlassen worden. Während der Haftzeit Hitlers hatte er als Nachfolgeorganisation der nach dem Putsch verbotenen NSDAP die »Nationalsozialistische Freiheitsbewegung« aufgebaut und dafür gesorgt, daß die Nationalsozialisten durch ein Zusammengehen mit der »Deutschvölkischen Freiheitspartei« Abgeordnete in den Reichstag wählen konnten.

Nach der Wiederzulassung der NSDAP wurde er von Hitler mit dem Aufbau der Parteiorganisation in Norddeutschland betraut. Zusammen mit dem damals entschieden sozialistisch eingestellten Joseph Goebbels glaubte er, die Partei auf einen stärker sozialistischen Kurs bringen zu können. Als Hitler 1925 bei dem Streit um die Vermögensregelung der Fürstenhäuser – es ging um die Trennung ihrer Privatvermögen vom Staatseigentum – sich gegen eine völlig entschädigungslose Enteignung der Fürstenhäuser aussprach und damit eine in den Arbeiterkreisen wenig populäre Stellung einnahm, glaubten Strasser, Goebbels und einige norddeutsche Gauleiter, gegen Hitler Stellung beziehen zu können.

Auf einer Zusammenkunft im November 1925 in Hannover beschlossen sie, die »Fünfundzwanzig Punkte« abzuändern. Goebbels ging so weit zu erklären: »Ich beantrage, Herrn Hitler aus der Partei auszuschließen.« Doch dies erwies sich als ein »Sturm im Wasserglas«. Die führende Stellung Hitlers in der Partei war nicht zu erschüttern. Goebbels erkannte dies sehr schnell und ging reumütig zu Hitler, um seine Verfehlung einzugestehen. Ihm wurde nicht nur verziehen, sondern er erhielt die Stellung eines Gauleiters in Berlin. Dort gelang es ihm, vor allem unter Arbeitern Gefolgsleute für Hitler zu werben und gerade aus einem der »rotesten« Bezirke Berlins, dem Wedding, den Kern für die Mannschaft »SA-Sturm 1« zu gewinnen.

Goebbels war seitdem einer der treuesten, vielleicht der treueste Mitstreiter Hitlers und blieb es bis zum Ende. Diese

Vorgänge aus dem Jahre 1925 und der mißlungene Spaltungsversuch Otto Strassers 1930 zeigten deutlich, wie stark die Stellung Hitlers an der Spitze der NSDAP war und wie wenig Aussicht auf Erfolg neue Spaltungsversuche hatten. Es war deshalb auch ein zum Scheitern verurteiltes Unterfangen, als General von Schleicher in der letzten Phase der Weimarer Republik, nach seiner Ernennung zum Reichskanzler im Dezember 1932, mit Gregor Strasser Verbindung aufnahm, damit dieser mit einem Teil der Abgeordneten der NSDAP die neue Regierung stützen sollte.

Strasser selbst erkannte schnell – falls er sich nicht von vornherein darüber im klaren war –, daß solch ein Spaltungsversuch keine Aussicht auf Erfolg hatte. Statt dessen wandte er sich an Hitler und versuchte ihn zu überreden, sich an der Regierung Schleicher zu beteiligen. Als dies von Hitler entschieden abgelehnt wurde, blieb Strasser nichts anderes übrig, als sich geschlagen zu bekennen und seine Parteiämter niederzulegen.

In diesem Spiel zwischen Schleicher und Strasser haben manche noch eine letzte Chance zur Verhinderung der Übernahme der Regierung durch Hitler gesehen. Goebbels hat diese Vorgänge in seinem Tagebuch und in seinem Buch »Vom Kaiserhof zur Reichskanzlei« dramatisch hochstilisiert, so als ob hier noch einmal ein großes Hindernis für Hitler auf seinem Wege zur Macht entstanden wäre. Doch weder Strasser noch ein anderer konnte Hitler seine Stellung als Parteiführer streitig machen, und er gewann und hielt seine Anhängerschaft in der Bevölkerung, weil kein anderer Politiker zu sehen war, der einen Erfolg aufweisen oder wenigstens einen Erfolg verheißen konnte.

Zu der wirtschaftlichen Not waren auch noch außenpolitische Fehlschläge hinzugekommen. Nach dem Tiefpunkt der Beziehung zwischen Deutschland und den Siegermächten durch den Einmarsch französischer und belgischer Truppen ins Ruhrgebiet 1923 hatte sich eine Besserung angebahnt. In neuen Verhandlungen über die Reparationen, die im Januar 1924 begannen, wurde Deutschland dank des geschickten Vorgehens des Reichsbankpräsidenten Hjalmar Schacht zum ersten Male als wirklicher Verhandlungspartner betrachtet.

Gustav Stresemann, der als Reichskanzler den Ruhrkampf abgebrochen hatte und nach der Regierungsumbildung Außenminister geworden war, gelang es dann im folgenden Jahr, mit dem Locarnopakt eine gewisse Normalisierung für Deutschland in seinen Beziehungen zu anderen Staaten zu erreichen. Die mit dem Locarnopakt zugesicherte Aufnahme in den Völkerbund wurde dann jedoch in unwürdiger Weise verzögert.

Eine Woche, nachdem die Aufnahme in den Völkerbund schließlich erfolgte – und als ein besonderer politischer Erfolg groß gefeiert worden war –, gab es eine neue bittere Enttäuschung. Bei einem Treffen Stresemanns mit dem französischen Außenminister Aristide Briand lehnte dieser schroff die Räumung des von Frankreich besetzen Rheinlandes ab, mit der die Deutschen nach dem Abschluß des Locarno-Paktes sicher gerechnet hatten. Statt dessen brachte Frankreich den Wunsch nach schnelleren Reparationszahlungen vor, ohne zur geringsten Gegenleistung dafür bereit zu sein.

Die im Februar 1929 wieder aufgenommenen Reparationsverhandlungen brachten nicht die von Deutschland erhofften Erleichterungen, sondern mit dem Youngplan Zahlungsverpflichtungen für 37 Jahre und unter Umständen sogar noch über diesen Zeitraum hinaus; das war eine weit längere Zeit, als in Versailles vorgesehen worden war. Die deutsche Regierung wurde von den Siegermächten unter starken Druck gesetzt und gab diesem Druck nach. Das konnten viele Deutsche nicht verstehen. Denn einmal war die Zwangslage nicht mehr so schlimm wie unmittelbar nach Kriegsende oder noch in der Zeit bis zum Ruhrkampf. Zum anderen hatte man sich seit dem Locarnopakt dem Glauben hingegeben, daß die Siegermächte ihre Einstellung geändert hätten.

Jetzt mußte man erkennen, daß dies ein Irrglaube gewesen war und daß die Regierung in ihrer Politik gegenüber den Siegermächten ähnlich versagte wie in ihrem vergeblichen Bemühen, die wirtschaftliche Not einzudämmen. Viele, die an der Regierung verzweifelten, blickten jetzt auf Hitler, der eine Überwindung der Not versprach. Da er für sie die einzige Hoffnung war, wollten sie glauben, daß er das, was er versprach, auch erfüllen würde. Und weil sie es glauben wollten, glaubten sie es.

Wegbereiter und Steigbügelhalter

Irrtum muß, früher oder später, Schaden stiften,
und desto größeren, je größer er war.
Den individuellen Irrtum muß, wer ihn hegt,
einmal büßen und oft teuer bezahlen;
dasselbe wird im Großen
von gemeinsamen Irrtümern ganzer Völker gelten.

Schopenhauer

Hitler erhielt auf seinem Weg zur Regierungsübernahme und in der ersten Zeit seiner Regierung Unterstützung auch von Deutschen, die keine Nationalsozialisten waren, die aber glaubten, daß eine Zusammenarbeit mit der NSDAP für Deutschland nützlich sei, oder die es für unabwendbar hielten, daß er die Regierung übernehmen würde. Da wäre es, wie sie meinten, besser, mit ihm zusammenzugehen, als in einer aussichtslosen Opposition zu verharren. Im Zusammengehen bestände eine Möglichkeit, auf ihn einzuwirken und manches noch zum Besseren zu wenden.

Zugunsten der Politik Hitlers wirkten sich auch die verschiedenen Richtungen aus, die, ohne mit dem Nationalsozialismus zu sympathisieren, ja, zum Teil ihn aufs schärfste bekämpfend, in gleicher oder ähnlicher Weise wie er den Weimarer Parteienstaat ablehnten und darüber hinaus die zugleich mit ihm bestehende Gesellschaftsform in vielen ihrer Erscheinungsweisen – im politischen, wirtschaftlichen wie kulturellen Leben – verwarfen, sie kritisierten und verurteilten. Es gab nur wenige Deutsche, die eine gefühlsmäßige Bindung zum Staat hatten, wie er seinen Ausdruck in der Weimarer Verfassung gefunden hatte. Sie fanden sich am ehesten unter den Anhängern der Zentrumspartei und der Demokratischen Partei, von denen die meisten im Herzen »republikanisch« eingestellt waren.

Die Sozialdemokraten hatten zu lange in der Opposition gestanden, so daß sich bei ihnen erst langsam ein »Staatsbewußtsein« herausbilden konnte, das Bewußtsein, daß der Weimarer Staat jetzt »ihr« Staat war. Die Deutschnationalen trauerten der Monarchie nach und sahen in der Republik eine Fehlentwicklung. Nur langsam konnten sie sich mit der neuen Staatsform abfinden, so daß ihre Gegnerschaft gegen sie allmählich verschwand. Nicht viel anders waren die meisten Anhänger der Deutschen Volkspartei eingestellt, die sich vorwiegend aus rein verstandesgemäßen Gründen, eher als die Deutschnationalen, zur Republik bekannten, weil sie eine Rückkehr zur Monarchie für unmöglich und einen Kompromiß mit den Gegnern der Monarchie für notwendig ansahen. Doch sie hatten keine innere Beziehung zur neuen demokratischen Staatsform. Von den Kommunisten wurde der Weimarer Staat noch entschiedener als von den Nationalsozialisten abgelehnt, da ihre Parteiführer, anders als Hitler, keine Möglichkeit sahen, in der parlamentarischen Demokratie legal zur Macht zu gelangen.

Abgelehnt wurde der Weimarer Staat – das »System« nannten es Hitler und seine Anhänger – fast von allen, die man als »geistig Tätige« oder »Intellektuelle« ansehen kann; und zwar in gleicher Weise die Vertreter »rechter« wie »linker« Richtungen. Beide trugen mit ihrer Kritik an den Parteien, der Regierung und der Demokratie dazu bei, daß in weiten Bevölkerungskreisen kein Staatsbewußtsein aufkommen konnte oder, soweit dies doch geschah, es schwach und ohne Widerstandskraft gegen die Feinde dieses Staates blieb.

Die einen, die »rechts« Stehenden – wenn man der Einfachheit halber diesen ungenauen und keineswegs immer ganz zutreffenden Begriff verwenden will –, beklagten mit der »Massendemokratie« den Parteienstaat und sein Versagen gegenüber den schwierigsten politischen Aufgaben, den mit ihm vorherrschenden »Rationalismus« und die Spaltung des Volkes durch klassenkämpferische Gedanken und die Preisgabe »vaterländischer« Werte. Sie suchten einen neuen Gemeinsinn, eine echte Volksgemeinschaft, ein »drittes Reich«, wie es Moeller van den Bruck ankündigte, einen »preußischen Sozialismus«, wie ihn Oswald Spengler forderte. Ein »Stände-Staat« nach den Vorstellungen Othmar Spanns erschien ihnen als eine unvergleichbar bessere Regierungsform als die parlamentarische Demokratie.

Auf der anderen Seite wurden Mängel des Weimarer Staates von Publizisten wie Kurt Tucholsky und Carl von Ossietzky kritisiert und verspottet. Sie waren zwar entschiedene Republikaner, aber diese Republik, wie sie nach der Revolution vom November 1918 entstanden war, gefiel ihnen gar nicht. Sie war noch zu sehr mit Schlacken der Kaiserzeit behaftet. Sie war nicht genügend sozialistisch. Scheidemann und Erzberger wurden von ihnen und ihresgleichen ebenso scharf angegriffen wie von Rechtsradikalen. Auch die Politik Stresemanns mit dem Locarnopakt wurde von Ossietzky und seinen Gesinnungsgenossen aufs schärfste verurteilt.

Man hat später die Rechts-Intellektuellen als »Wegbereiter Hitlers« bezeichnet, weil sie mit ihrer Kritik zum Ende des Weimarer Staates beigetragen und Gedankengut verbreitet hätten, das Hitler aufgreifen und für seine Zwecke nutzen konnte. Als solche Wegbereiter wurden vor allem die Anhänger des »Tat-Kreises« angesehen, der sich aus den Lesern der Zeitschrift »Die Tat« unter ihrem Herausgeber Hans Zehrer gebildet hatte und der für eine Ablösung der parlamentarischen Demokratie durch einen mehr »autoritären« Staat und eine »ständische« Ordnung der Gesellschaft eintrat.

Doch es waren nicht diese Kritiker am Weimarer Staat, die Hitler den Weg bereiteten, sondern die Führer der demokratischen Parteien mit ihrem Unvermögen, den Weimarer Staat auch in schwierigen Situationen funktionsfähig zu erhalten. Zu diesem Unvermögen haben die »Links-Intellektuellen« ihren Teil beigetragen. Sie haben mit ihrer ätzenden Kritik Gegensätze verschärft und mit ihrem Spott die Kompromißbereitschaft, die für das Funktionieren einer parlamentarischen Demokratie unerläßlich ist, geschwächt oder oft gar nicht aufkommen lassen.

Nach dem großen Erfolg der Nationalsozialisten in den September-Wahlen 1930 hatten sich viele gefragt, ob es noch lange möglich sein würde, eine Beteiligung Hitlers an der Regierung aufzuhalten. Mehrere der führenden Politiker in den Parteien – vom Zentrum in der Mitte bis zu den Deutschnationalen rechts – hielten es für zweckmäßig, ihn zur Regierung heranzuziehen, weil dadurch, so glaubten sie, eine »Zähmung« der NSDAP erreicht werden könnte. Brüning kam Anfang Oktober mit Hitler zusammen, der von Strasser und Frick – seit dem Herbst 1928 als Innenminister Mitglied einer auf eine Koalition mit der NSDAP gestützten Regierung in Thüringen – begleitet wurde.

Brüning fand keine Voraussetzungen für ein Zusammengehen mit der NSDAP. Andere Mitglieder der Führung des Zentrums und der anderen Parteien setzten sich aber immer wieder mit Hitler in Verbindung, um ihn für den Eintritt in eine Koalitionsregierung zu gewinnen. Sie hatten damit jedoch keinen Erfolg, sei es, daß diese Versuche nicht mit genügender Ernsthaftigkeit betrieben wurden, sei es, daß Hitler fest entschlossen war, jede Zusammenarbeit mit anderen

Parteien abzulehnen, die ihm nicht von vornherein den Weg zur Übernahme der Regierungsführung eröffnete.

Als im Juli 1931, nach der großen Wirtschaftskrise, die viele Unternehmen zusammenbrechen und die Arbeitslosigkeit noch stärker als schon vordem steigen ließ, die Regierung nicht in der Lage war, die Not zu beheben, versuchten Deutschnationale unter Hugenberg zusammen mit dem Stahlhelm unter seinem Ersten Bundesführer Seldte und anderen nationalen Verbänden sowie der Landbund mit den Nationalsozialisten einen gemeinsamen Zusammenschluß zu bilden, den sie als »Nationale Front« bezeichneten. Sie wurde dann nach dem Ort, an dem sie am 11. Oktober 1931 eine Kundgebung veranstalteten, »Harzburger Front« genannt. Auch Hjalmar Schacht, der nach Auseinandersetzungen mit der Regierung über die Reparationspolitik Anfang April 1930 von seiner Stellung als Reichsbankpräsident zurückgetreten war, nahm an der Kundgebung in Harzburg teil.

Unter den Mitgliedern der teilnehmenden Organisationen bestand keine einhellige Meinung, ob es gut sei, mit den Nationalsozialisten enger zusammenzugehen. Hugenberg stieß auf deutliche Opposition, die sich später in der Deutschnationalen Volkspartei aus anderen Anlässen noch verstärkte und zu Abspaltungen führte. Der Zweite Bundesführer des Stahlhelm, Theodor Duesterberg, versuchte vergeblich, Seldte von diesem Schritt abzuhalten. Ähnlich sah es in den anderen Organisationen aus. Ein Teil der Mitglieder wollte gern mit den Nationalsozialisten zusammengehen, andere wieder hatten kein Zutrauen zu Hitler und betrachteten seine Politik mit Besorgnis und Angst.

Schon der Verlauf der Kundgebung gab denen Recht, die von diesem Versuch des Zusammengehens mit den Nationalsozialisten abgeraten hatten. Hitler hatte auf der Kundgebung in Harzburg nach dem Vorbeimarsch der SA die Tribüne verlassen und sich den Vorbeimarsch der anderen Organisationen nicht mehr angeschaut. Er brüskierte Hugenberg und Seldte darüber hinaus noch dadurch, daß er seine Teilnahme an einem gemeinsamen Essen verweigerte.

Doch nicht nur die Führer der wichtigsten Organisationen zeigten so geringes Einvernehmen. Es kam im Verlauf des Tages und des Abends zwischen einzelnen SA- und Stahlhelmgruppen zu heftigen Schlägereien. Die »Harzburger Front«, die nie als eine geschlossene Front zustande gekommen war, löste sich im folgenden Jahre auf, als die NSDAP Hitler als Kandidaten für die Reichspräsidentenwahl aufstellte, die Deutschnationalen und der Stahlhelm aber dagegen auftraten.

Während Hitler gegenüber den Bemühungen führender Politiker anderer Parteien zurückhaltend verblieb, suchte er nach den September-Wahlen 1930 die Verbindung mit führenden Wirtschaftlern. Nach dem Wahlerfolg der NSDAP sah er die Chance heranreifen, die Regierungsführung, wie er es erklärt hatte, »legal« zu erlangen. Er brauchte dafür Unterstützung, Geld und Fachleute, mit denen er, wenn er nach der Regierungsübernahme sich an der Macht halten wollte, die darniederliegende Wirtschaft wieder aufbauen konnte.

Nur langsam konnte er führende Wirtschaftler zur Unterstützung seiner Politik gewinnen. Es waren auch nur wenige, bei denen es ihm gelang. Sein Antisemitismus, das Programm der NSDAP – weniger mit seinem sozialistischen als seinem unklaren, verworrenen Inhalt – und die Unberechenbarkeit seines außenpolitischen Kurses, die viele – nur zu Recht, wie sich später erwies – die Provokation eines Krieges befürchten ließ, wirkten auf nüchtern denkende Wirtschaftler abstoßend. Erschreckt waren viele durch Gewalttaten von Angehörigen der SA, die bis zum Totschlag und Mord gingen, und sie schreckten vor einem Hitler zurück, der diese Gewalttaten billigte.

Andererseits ließ die Hilflosigkeit der Regierung gegenüber den wirtschaftlichen Schwierigkeiten und die Unfähigkeit der demokratischen Parteien bei einer Fortdauer der 1931/32 bestehenden Verhältnisse Schlimmstes – wirtschaftlich wie politisch – befürchten. Gleichzeitig mit der NSDAP gewann die Kommunistische Partei immer mehr Anhänger. Der Widerstand der Sozialdemokraten und der Parteien der Mitte gegen die beiden extremistischen Parteien wurde dagegen immer schwächer. Wenn dieser Entwicklung nicht Einhalt geboten wurde, dann mußte es bald zu einer innenpolitischen Krise mit einem Entscheidungskampf zwischen Nationalsozialisten und Kommunisten kommen.

Gab es da noch einen anderen Ausweg, so mußte man sich fragen, als einen Versuch zu machen, die Nationalsozialisten zur Mitwirkung an der Regierung heranzuziehen, um damit die kommunistische Gefahr abzuwehren? Durch eine »Einbindung« Hitlers in eine Koalition mit den bürgerlichen Parteien könnte man ihn vielleicht auf einen politischen Kurs bringen, auf dem die Gefahren abgewendet werden konnten, die bei einem Alleingang Hitlers zu befürchten waren. Zugleich könnte mit einer Regierung, die mit der NSDAP sich auf eine feste Mehrheit im Parlament und im Volke stützen konnte, eine erfolgversprechende Politik durchgeführt werden. Hitler kam durch ein gemäßigtes Auftreten geschickt denen entgegen, die solche Erwägungen hegten.

In Vorträgen vor Vertretern der Wirtschaft in Weimar und Dresden und besonders in seinem propagandistisch stark herausgestellten Vortrag im Düsseldorfer Industrie-Club am 26. Januar 1932 ließ er erkennen, daß er sich keineswegs an die im Programm der NSDAP verkündeten wirtschaftspolitischen Thesen gebunden fühlte, sondern eine Wirtschaftspolitik betreiben wollte, die durchaus mit gesunden wirtschaftlichen Grundvorstellungen in Übereinstimmung stehen würde.

In dem Bemühen um Kontakte zur Wirtschaft fand Hitler einen eifrigen Helfer in Wilhelm Keppler – einem Nachkommen des Astronomen Johannes Kepler –, der als Ingenieur ein Chemie-Werk im badischen Eberbach leitete. Keppler war überzeugt, daß Deutschland nur unter einer starken Führung wieder gesunden könne und daß allein Hitler, von dem er nach den ersten Begegnungen fasziniert war, diese Führung bringen könnte. Hitler hatte in Keppler den Eindruck erweckt, daß er mit dessen wirtschaftspolitischen Vorstellungen weitgehend, wenn nicht völlig übereinstimmte.

Keppler nahm mit Kaufleuten in den Hansestädten und Industriellen an Rhein und Ruhr Verbindung auf. Es waren nur einzelne, die er für seine Absichten gewinnen und mit Hitler zusammenbringen konnte. Hitler verstand es im Gespräch mit ihnen, sie davon zu überzeugen, daß er die gleichen wirtschaftlichen Ziele verfolgen würde, die von ihnen angestrebt wurden. So entstand im Sommer 1932 der »Keppler-Kreis«, der Hitler und der Parteiführung der NSDAP eine Reihe von wirtschaftspolitischen Gutachten lieferte. Aber weder in der Wirtschaft noch in der nationalsozialistischen Partei konnte Keppler wirklich einen Einfluß geltend machen.

Doch er schien einmal eine politische Rolle gespielt zu haben. Nach den Reichstagswahlen vom 6. November 1932 hielten prominente Mitglieder des Keppler-Kreises es für unausweichlich, die NSDAP zur Regierung heranzuziehen und, da dies ohne Übertragung der Regierungsführung an

Hitler unmöglich erschien, Hitler das Kanzleramt zu übertragen. Nach einigem Hin und Her, wie diese Entscheidung empfohlen werden sollte, richteten sie ein Schreiben an den Reichspräsidenten von Hindenburg, mit dem sie, allerdings in recht gewundener Formulierung, die Ernennung Hitlers zum Reichskanzler empfahlen.

Es hieß in dem Schreiben: »Es ist aber auch klar, daß jede Verfassungsänderung, die nicht von breitester Volksströmung getragen ist, noch schlimmere wirtschaftliche, politische und seelische Wirkungen auslösen wird. Wir erachten es deshalb für unsere Gewissenspflicht, Eure Exzellenz ehrerbietigst zu bitten, daß zur Erreichung des von uns gesetzten Zieles Eurer Exzellenz die Umgestaltung des Reichskabinetts in einer Weise erfolgen möge, die die größtmögliche Volkskraft hinter das Kabinett bringt.«

Die praktische politische Wirkung dieses Schreibens war verschwindend gering oder nahezu Null. Hindenburg hatte es noch gar nicht in Händen gehabt, als er Hitler zum Reichskanzler berief. Er hatte nur von dem Schreiben gehört und unmittelbar vor Hitlers Ernennung sich erkundigt, ob es tatsächlich eingegangen war. Trotzdem wurden – und werden zum Teil auch gegenwärtig noch – die Wirtschaftler, die dieses Schreiben unterzeichnet haben, zusammen mit Papen und den Politikern, die an der Berufung Hitlers zum Reichspräsidenten beteiligt waren, zu seinen »Steigbügelhaltern« gerechnet.

Mit dieser Bezeichnung wird ihnen unterstellt, daß sie dabei eigennützige, im Interesse des »Kapitalismus« liegende Absichten verfolgt hätten, während sie doch zumeist aus Verzweiflung und von Hitler getäuscht gehandelt hatten. Weder Heimtücke noch Schurkerei kann ihnen unterstellt werden. Es kann ihnen nur vorgehalten werden, daß sie vielleicht zu sehr bereit waren, den Täuschungsmanövern

Hitlers zu unterliegen, weil diese ihren Vorstellungen und Wünschen entgegenkamen.

Die Kontakte, die von führenden Politikern und Wirtschaftlern mit Hitler aufgenommen wurden, trugen dazu bei, in breiten Kreisen den Eindruck zu verstärken, daß niemand mehr die Nationalsozialisten auf ihrem Weg zur Übernahme der Regierung aufhalten würde. Das veranlaßte manche, die gar nicht nationalsozialistisch eingestellt waren, in die NSDAP oder in eine ihrer Organisationen wie die SA oder – oft bevorzugt – die SS oder in eine der Nebenorganisationen – Marine- oder Motor-SA oder, was als besonders schick galt, in die Reiter-SS – einzutreten.

Die einen taten dies, weil sie glaubten, daß es nach der Übernahme der Regierung durch die Nationalsozialisten für sie persönlich vorteilhaft sein würde, wenn sie dann auf ihre schon länger bestehende Zugehörigkeit zur Bewegung hinweisen könnten. Sofern sie noch studierten oder mit abgeschlossenem Studium auf den ersten Stufen ihrer Berufslaufbahn standen, hofften sie in Ämter der Partei oder der Organisation, der sie beitraten, aufrücken zu können und dadurch in ihrem Beruf bessere Stellungen zu erlangen.

Andere waren bei ihrem Eintritt in die Partei oder eine ihrer Organisationen nicht von ihrem persönlichen Interesse, sondern von der Absicht, sich politisch zu betätigen, geleitet. Sie wollten aber nicht – oder, wenn sie einer anderen Partei oder politischen Organisation angehörten, nicht mehr – in einer Partei wirken, die ihrer Einflußlosigkeit oder völligen Ausschaltung entgegensah. Auch wenn ihnen die NSDAP und ihre Organisationen, so, wie sie damals beschaffen waren, und mit den Zielen, die sie sich gesetzt hatten, gar nicht gefielen, ja, sie unter anderen Umständen gegen sie aufgetreten wären, so erblickten sie nun im Nationalsozialismus das einzige aussichtsreiche Betätigungsfeld.

Hier glaubten sie mit ihrem Einsatz Veränderungen herbeiführen, Schlimmeres verhüten und manches zum Besseren wenden zu können.

Nicht selten standen die persönlichen Interessen und politischen Beweggründe nebeneinander, verbanden sich miteinander. Im Bewußtsein der einzelnen standen die politischen Motive im Vordergrund, während im Unterbewußtsein vielleicht häufiger die Eigeninteressen die stärker treibenden Kräfte waren. Von denen, die aus solchen rein vernunftmäßigen Gründen, ohne wirklich Nationalsozialist zu sein, der Partei oder einer ihrer Organisationen beigetreten waren, behielten nicht viele diese Einstellung, die sie beim Eintritt gehabt hatten. Einmal Mitglied geworden, traten bei den meisten bald auch gefühlsmäßige Bindungen zu den anderen Mitgliedern mit ihrer nationalsozialistischen Haltung ein. Auch auf sie wirkte sich die innerhalb der Partei und ihren Organisationen mindestens ebenso stark wie nach außen betriebene Propaganda aus. Nicht selten wurden aus denen, die nur aus vernunftmäßigen Erwägungen beigetreten waren, eifrige – und wirkungsvolle – Propagandisten für den Nationalsozialismus.

Neben der wirtschaftlichen Notlage und der fortdauernden politischen Erniedrigung Deutschlands durch die Siegermächte war es das Wachsen der Gefahr des Kommunismus, weshalb viele Deutsche sich dem Nationalsozialismus zuwandten. So wie die Regierung und die demokratischen Parteien wirtschaftlich und politisch versagten, boten sie auch keine Gewähr, daß sie die Bedrohung des Kommunismus abwehren könnten.

Die Kommunisten selbst arbeiteten mit ihrer Taktik darauf hin, die Abwehrkräfte der Regierung und der demokratischen Parteien zu schwächen und schließlich zu zerstören. Sie bekämpften in gleicher Weise und noch entschiedener als die Nationalsozialisten die parlamentarische Demokratie. Sie benutzten sogar manche Gelegenheit, mit ihnen in diesem Kampf zusammenzuwirken.

In ihrem Bestreben, die führende Arbeiterpartei zu werden, stellten sie – wie sie es schon zu Beginn der Weimarer Republik im Kampf um die Macht nach dem Zusammenbruch der Monarchie getan hatten – die Sozialdemokraten als Verbündete der Bourgeoisie, als »Sozialfaschisten« hin. Sie bewirkten damit, daß die Führung der SPD vor einem engeren Zusammengehen mit den bürgerlichen Parteien zurückschreckte. Dadurch wurden Koalitionsregierungen, mit denen die Funktionsfähigkeit der parlamentarischen Demokratie erhalten werden konnte, nicht mehr möglich.

Fragt man nach den Wegbereitern Hitlers, dann darf man die Kommunisten nicht übersehen.

Zuläufer und Gleichgeschaltete

Nothing succeeds like succes.
(Nichts ist erfolgreicher als der Erfolg.)

Englisches Sprichwort

Eine erhebliche Zahl derer, die vor dem 30. Januar 1933 dem Nationalsozialismus ablehnend, ihm mit Besorgnis und Furcht gegenübergestanden hatten, änderte danach ihre Einstellung. Zeigte denn die Berufung Hitlers zum Reichskanzler, ohne daß sich ein Widerstand dagegen geltend machte, nicht deutlich, daß allein von ihm noch eine tatkräftige Regierungsführung erwartet werden konnte? Mußte man sich nicht nun zu ihm und der NSDAP stellen, damit er erfolgreich arbeiten konnte?

Andere dagegen, darunter auch manche, die bis dahin aus innerer Einstellung dem Nationalsozialismus zugeneigt waren oder aus vernunftmäßigen Überlegungen ein Zusammengehen mit ihm für richtig angesehen hatten, wurden durch erste Vorgänge nach dem Regierungswechsel aufgeschreckt. Das Auftreten einzelner SA-Trupps mit Prügeleien und Festnahme politischer Gegner und die Ausschreitungen gegen Juden sahen sie mit Bestürzung und Furcht. Sie erkannten oder ahnten, daß es sich hierbei nicht lediglich um vereinzelte Gewalttaten handelte, wie sie in Zeiten der Unruhe und des Umbruchs nur zu leicht aufkommen. Sie konnten sich nicht, wie es viele damals taten, damit trösten, daß die Ausschreitungen nach einer Übergangsfrist bald aufhören würden; denn jede Regierung müsse ja für Ruhe und Ordnung sorgen. Nur was für eine Ordnung würde dies dann sein?

Unter den Nationalsozialisten, den alten Kämpfern wie den später Hinzugekommenen, gab es sehr viele, die das »Rabaukentum«, das die SA so oft zeigte, und schärfer noch deren Gewalttaten verurteilten. Auch in der SA, unter den Sturmmännern wie in den Schichtungen ihrer Führung, war die Meinung über das richtige Vorgehen völlig unterschiedlich. Die große Mehrheit der Mitglieder waren wirklich Idealisten, die im Nationalsozialismus – was immer jeder einzelne sich als den echten Nationalsozialismus vorstellte – ein hehres Ziel, eine große Aufgabe zur Rettung Deutschlands sahen und dieser Aufgabe dienen wollten. Sie verurteilten die Rabauken und die Gewalttätigen unter ihnen nicht weniger scharf, als es Außenstehende taten. Nur sahen sie den Kampf und, wenn es sich ergab, den harten Kampf gegen die politischen Gegner als eine unvermeidbare Notwendigkeit an und hielten deswegen die Übergriffe der Gewalttäter in ihren Reihen für entschuldbar.

Die gewalttätigen Truppen hatten nach dem 30. Januar 1933 freie Hand, weil die Polizei – von Ausnahmefällen abgesehen – nicht gegen sie einschritt. Hermann Göring war mit der Ernennung Hitlers zum Reichskanzler am 30. Januar 1933 Innenminister Preußens geworden und hatte damit – was diejenigen, die glaubten, Hitler »einbinden« zu können, nicht gesehen oder nicht in seiner Bedeutung richtig eingeschätzt hatten – die Polizei des größten Teilstaates in seine Hand bekommen. Göring, der in seinem persönlichen Auftreten gern Verbindlichkeit und Liebenswürdigkeit zeigte, verfolgte hier mit aller Härte eine Machtpolitik der Einschüchterung und Ausschaltung der Gegner. Er sorgte dafür, daß die Gewalttäter unbehindert von der Polizei ihre Gewalttaten ausführen konnten.

Als er im Februar neben der regulären Polizei eine »Hilfspolizei« schuf und mehrere zehntausend SA-Männer zu

»Hilfspolizisten« machte, und als er die von der SA an einigen Orten selbstherrlich geschaffenen Haftanstalten als »Konzentrationslager« der Polizei unterstellte und von ihr ausbauen und verwalten ließ, da wurde dies von vielen als eine kluge, der Ordnung dienende Verwaltungsmaßnahme begrüßt. Beamte, darunter durchaus honorige preußische Staatsjuristen, waren dieser Auffassung und stellten sich für die Durchführung der dafür notwendigen Aufgaben zur Verfügung – im Bewußtsein, damit dem Rechtsstaat zu dienen und terroristische Willkür zu unterbinden.

Einer der ersten, die erkannten, wie gefährlich es werden könnte, wenn Hitler und seiner Machtpolitik freie Bahn gegeben würde, war Alfred Hugenberg, der Führer der Deutschnationalen Volkspartei. Er hatte darauf hingearbeitet, daß Hitler die Führung der Regierung übertragen würde; aber er sollte in dieser Führung »eingebunden«, nicht allmächtig sein. Deshalb hatte er noch am 30. Januar 1933 bis zum letzten Augenblick vor der Regierungsbildung darauf gedrungen, daß Hitler verpflichtet werden sollte, den Reichstag nicht sogleich aufzulösen, damit Hitler als Reichskanzler durch das Parlament in seiner Machtausübung begrenzt werden könnte.

Erst als Hitler versicherte, er werde auch in dem Fall, daß die NSDAP bei Neuwahlen die absolute Mehrheit gewinnen würde, die Regierung in ihrer Zusammensetzung mit von Papen und den Deutschnationalen weiter fortführen, erklärte sich Hugenberg mit der Ernennung Hitlers zum Reichskanzler einverstanden.

Doch er verließ sich nicht auf dessen Wort. Gleich als die Neuwahlen zum Reichstag für den 5. März 1933 ausgeschrieben waren, gründete er für die Deutschnationalen zusammen mit dem Stahlhelm die »Kampffront Schwarz-Weiß-Rot«, die eine aktive Wahlpropaganda betrieb, um im neuen

Reichstag ein wirkliches Gegengewicht gegen die NSDAP zu gewinnen.

Dieser »Kampffront« gelang es – nachdem die Deutschnationalen sich 1932 etwas von ihren Wahlschlappen im Jahr 1930 und im April 1932 erholt hatten –, eine größere Stimmenabwanderung von den Deutschnationalen zu verhindern und einige Stimmen von den bisherigen Anhängern der stark zusammenschmelzenden Deutschen Volkspartei zu gewinnen. So konnten die Deutschnationalen am 5. März 1933 knapp den Anteil der Stimmen behaupten, den sie in den November-Wahlen 1932 erreicht hatten, und sogar ein Mandat – 52 statt 51 – hinzugewinnen.

Zu größerer Aktivität erwachten auch die alten Anhänger der Deutschen Demokratischen Partei und ihre Bundesgenossen aus der Jugendbewegung, die sich, mit dem »Hochmeister« genannten Führer des »Jungdeutschen Ordens«, Arthur Mahraun, an der Spitze, 1930 zur »Staatspartei« zusammengefunden hatten. Mit nur noch zwei Abgeordneten waren sie nach den November-Wahlen 1932 im Reichstag vertreten. Am 5. März gewannen sie vier Sitze.

Stärker aktiv wurden auch verschiedene Gruppen und Zirkel, die schon in den letzten Jahren gegen die Nationalsozialisten aufgerufen hatten; wie vor allem der »Stolper-Kreis«, der unter Führung des Herausgebers der Wirtschafts-Wochenzeitschrift »Der Volkswirt« die demokratisch Gesinnten zur politischen Tätigkeit ermahnten. Ihre Aufrufe zur Stärkung der Deutschen Volkspartei oder der Staatspartei fanden aber nicht mehr viel Anklang.

Mehr Wirkung hatten die Ermahnungen katholischer Geistlicher, nicht die NSDAP zu unterstützen. Die katholische Kirche hatte schon frühzeitig begonnen, vor dem Nationalsozialismus zu warnen. Das hat sicherlich dazu beigetragen, daß die NSDAP, die anfänglich weitaus am meisten

Anhänger im katholischen Süddeutschland hatte, es später leichter hatte, im protestantischen Norddeutschland mehr Mitglieder und Wähler zu gewinnen. Den Mahnungen der katholischen Geistlichen ist es wohl zuzuschreiben, daß am 5. März 1933 neben der NSDAP und dem bescheidenen Gewinn der Staatspartei allein das Zentrum einen – wenn auch ebenfalls bescheidenen – Gewinn an Wählerstimmen erlangen konnte.

Einen – zwar nicht sehr großen, aber deutlichen – Verlust an Wählerstimmen mußten die Kommunisten hinnehmen. Es waren Arbeiter, darunter vor allem Arbeitslose, die die Hoffnung aufgaben, daß die KPD ihnen den Weg in eine bessere Zukunft bereiten würde. Sie trauten dies jetzt eher Hitler und der NSDAP mit ihrem ja gleichfalls antikapitalistischen und sozialistischen Programm zu.

Die Kampforganisation der Kommunisten, »Rot-Front«, führte einen harten Wahlkampf. Die SA fühlte sich dadurch zu noch größerer Härte herausgefordert. Da wollte auch die Kampforganisation der SPD und der sozialistischen Gewerkschaften, das »Reichsbanner Schwarz-Rot-Gold«, nicht zurückstehen. So wurde der Wahlkampf zur März-Wahl 1933 zu einem Kampf mit schlimmen Wahlschlachten, einer hohen Zahl von Totgeschlagenen und Schwerverletzten.

Ihr Ausgang brachte Hitler einen Erfolg, aber nicht in der erwarteten Höhe. Er erhielt nicht die Mehrheit im Reichstag. 43,9 Prozent der Wähler gaben ihre Stimmen der NSDAP, die dadurch im Reichstag 288 von insgesamt 647 Sitzen gewann. Doch zusammen mit den 52 deutschnationalen Abgeordneten verfügte er über eine klare Mehrheit. Und die Deutschnationalen konnten – was auch immer Hugenberg, andere Parteiführer und die gewählten Abgeordneten denken und fühlen mochten – ihm jetzt die Gefolgschaft nicht versagen. Das wußte Hitler; und so sah es auch die Bevölkerung.

Hitler hatte jetzt die Führung der Regierung unbestritten in seinen Händen. Niemand konnte sie ihm entreißen, und er konnte diese Führung zur Erlangung der Macht benutzen. Dies wurde ihm erleichtert, weil weite Kreise der Bevölkerung, die bis dahin vom Nationalsozialismus nichts hatten wissen wollen, ihm ablehnend bis entschieden feindlich gegenübergestanden hatten, jetzt der NSDAP zuströmten. Der Wahlerfolg Hitlers, so knapp er auch gewesen sein mag, hatte den Erfolg, den Erfolg immer hat. Denn wer steht nicht lieber auf der Seite der Sieger als der Besiegten?

Bei vielen stellte sich eine subjektiv-ehrliche Wandlung der Gesinnung ein. Sie erkannten in Hitler und im Nationalsozialismus etwas Gutes, was ihnen bisher entgangen war. Die Fehler und Gefahren, die sie bis dahin gesehen hatten, erschienen ihnen nun als geringfügig, unbedeutend oder gar nicht mehr vorhanden. Bei anderen erfolgte der Wandel der Einstellung aus rein rationalen Erwägungen. Sie bedachten, daß es Vorteile bringen konnte, der NSDAP oder wenigstens einer ihrer Gliederungen anzugehören. Dagegen würde es sicherlich von Nachteil sein, der NSDAP nicht anzugehören oder gar Mitglied einer politischen Partei oder Anhänger einer gegen den Nationalsozialismus eingestellten Richtung zu sein; besonders angesichts der brutalen Härte, mit der gegen Feinde des Nationalsozialismus vorgegangen wurde.

Die »März-Gefallenen« nannte man unter alten Parteigenossen und in der Bevölkerung spöttisch die, die nach der Wahl ihre nationalsozialistische Einstellung entdeckten und bekundeten. Ihre Anträge auf Eintritt in die NSDAP und ihre Organisationen nahmen solchen Umfang an, daß die

Aufnahmebedingungen verschärft und am 1. Mai 1933 eine Aufnahmesperre verfügt wurde.

Die »März-Gefallenen« bemühten sich, ihre nationalsozialistische Gesinnung und ihre Anhängerschaft an den »Führer« – wie Hitler jetzt immer häufiger genannt wurde – zu bekunden. Sie wurden die eifrigsten Besucher von Parteiveranstaltungen, betätigten sich gern in der Propaganda und traten am häufigsten als Denunzianten bei der Verfolgung von Gegnern des Nationalsozialismus auf. Wo im Sprachgebrauch der Bevölkerung für Nationalsozialisten die mit abfälligem Sinn gebrauchte und Verachtung ausdrükkende Bezeichnung »Nazi« angewendet wurde, traf sie weit häufiger auf März-Gefallene als auf alte Kämpfer zu, die bei aller – und selbst bis zur Brutalität gehenden – Härte in ihrem Verhalten und ihren Handlungen von einer echten Grundeinstellung getragen waren.

Nach dem 5. März 1933 wußte Hitler, daß jetzt die Mehrheit der Bevölkerung – eine weit größere Mehrheit, als es bei der Stimmabgabe noch der Fall war – hinter ihm stand und daß er von keiner der parlamentarischen Parteien einen irgendwie ins Gewicht fallenden Widerstand zu befürchten hatte. Es gab nur noch eine Organisation, aus der ihm Schwierigkeiten, Beschränkungen seiner Macht und eine ernstzunehmende Gegnerschaft erwachsen konnte: die Wehrmacht.

Hitler konnte bei seinen Überlegungen davon ausgehen, daß der größte Teil der Soldaten und der jüngeren Offiziere bereits nationalsozialistisch eingestellt war und es begrüßte, daß er an der Spitze der Staatsführung stand. Er konnte mit ihrer Gefolgschaft rechnen. Aber er wußte auch, daß die Generalität ihm ablehnend, zum Teil feindlich gegenüberstand und daß er dort und unter den höheren Offizieren nur wenige Freunde und viele Gegner hatte.

Das Wort »böhmischer Gefreiter«, das Hindenburg einmal für ihn gebraucht hatte, war unter höheren Offizieren im Umlauf. Hitlers Auslassungen zu militärischen und militärpolitischen Fragen hielten sie für reinen Dilettantismus. Aufgrund seiner Erklärungen gegen das Versailler Diktat befürchteten sie, daß er eine Außenpolitik betreiben würde, die zu Spannungen und schließlich zu einem militärischen Konflikt führen könnte. Und dafür war die Wehrmacht nicht gerüstet.

Hitler wußte auch, daß die Führung der Wehrmacht mit größtem Argwohn die Entwicklung der SA und SS betrachtete. Die SA war unter Ernst Röhm – der 1931 von Hitler nach seiner Tätigkeit als militärischer Berater der Regierung Boliviens zum Stabschef der SA ernannt worden war – zu einer militärischen Organisation ausgebaut worden. Die Führung der Wehrmacht befürchtete, daß sie als eine Art »Miliz-Armee« neben die Reichswehr gestellt werden sollte und Röhm eine militärische Führungsstellung erlangen könnte.

Sogleich nach der Übernahme des Kanzleramtes hatte Hitler sich darum bemüht, das Vertrauen der Wehrmachtsführung zu erlangen und sie für seine Politik zu gewinnen. Schon am 3. Februar 1933 traf er im Hause des Generalobersten Kurt Freiherr von Hammerstein-Equord, des Chefs der Heeresleitung, führende Offiziere des Heeres und der Marine. Im Gespräch mit ihnen, das bald den Charakter eines Vortrages annahm, legte er ausführlich seine innen- und außenpolitischen Zielsetzungen dar und betonte, welche Bedeutung er der Wehrmacht – die er als »wichtigste Entwicklung des Staates« bezeichnete – und ihrem Ausbau zumaß.

Diese Rede blieb nicht ohne Eindruck und verschaffte ihm erste Sympathien unter den Männern an der Spitze der Wehrmacht.

Am 27. Februar 1933 ging das Reichstagsgebäude in Berlin in Flammen auf. Am Tatort gefaßt wurde der holländische Kommunist Marinus van der Lubbe. Die Nationalsozialisten erklärten den Reichstagsbrand »als erstes großes Fanal« – wie Göring es in einer Rundfunkansprache bezeichnete – für die Entfesselung eines Aufstandes, der vom internationalen Kommunismus geplant war und der »der Übergang zum vollkommenen Bürgerkrieg sein soll«.

In der Bevölkerung gab es ein Erschrecken. Wohl keiner wußte so recht, wie er den Reichstagsbrand deuten sollte. Selbst in Kreisen überzeugter Nationalsozialisten fragten sich viele, ob dies tatsächlich eine planmäßige Handlung der kommunistischen Partei war und ob wirklich, wie die nationalsozialistische Propaganda es behauptete, die Organisationspläne für den Reichstagsbrand und den sich daran anschließenden Aufstand gefunden worden waren. War es vielleicht nur die Handlung eines einzelnen Fanatikers? Oder einer Gruppe von fanatisierten Kommunisten? Oder sollte man glauben, wie es aus dem Auslande von Gegnern des Nationalsozialismus sogleich verkündet wurde, daß Nationalsozialisten selbst den Brand gelegt hatten, um einen Anlaß zum Vorgehen gegen die Kommunisten zu finden?

Es gab keine einhellige Meinung in Deutschland. Aber es gab keinen irgendwie ins Gewicht fallenden Widerspruch dagegen, daß der Reichstagsbrand zum Anlaß genommen wurde, die Kommunistische Partei und ihre Organisationen zu verbieten. Es erhob sich auch kein ins Gewicht fallender Widerspruch dagegen, daß zusammen mit dem Verbot der Kommunistischen Partei in der »Verordnung zum Schutze von Volk und Staat«, die am Tage nach dem Brand, am 28. Februar 1933, erging, Hitler alle Vollmachten erhielt, um nunmehr, unbehindert von verfassungsgemäßen Einschränkungen, diktatorisch regieren zu können.

Die Verordnung, ergangen als Notverordnung unter Benutzung des Artikel 48 der Weimarer Verfassung, gab der Polizei alle Vollmacht zur Verhaftung von Personen und stellte ihr die Hilfspolizei mit gleicher Vollmacht zur Seite. Praktisch hatte die Hilfspolizei schon so gehandelt, als ob sie eine solche Vollmacht besaß. Jetzt war ihr Vorgehen »legalisiert«. Hitler, dem am 30. Januar 1933 die Führung der Regierung übertragen worden war, hatte nun wirklich die Macht ergriffen.

Wen diese Machtergreifung mit Furcht erfüllte, der konnte bis dahin allein noch von der Führung der Wehrmacht einen Widerstand gegen das Vorgehen Hitlers erhoffen. Doch die Wehrmachtsführung schien die Verordnung vom 28. Februar 1933 zu begrüßen. Hier zeigte sich schon der erste entscheidende Erfolg Hitlers in seinem Bestreben, die Wehrmacht für seine Politik zu gewinnen. Erleichtert wurde ihm in diesem Fall der Erfolg dadurch, daß die Wehrmacht im Kommunismus die große Gefahr für Deutschland sah und es deshalb begrüßte, daß jetzt eine Regierung im Amte war, von der sie eine energische Bekämpfung der von den Kommunisten eifrig betriebenen Zersetzungsarbeit in Heer und Marine erwarten konnte.

Von Papen und General von Blomberg, die beiden Männer, von denen Hindenburg bei der Regierungsbildung am 30. Januar 1933 erwartet hatte, daß sie Hitler in Schranken halten würden, haben keinen Einspruch gegen die Verordnung eingelegt, die dann auch die Billigung und die Unterschrift des Reichspräsidenten erhielt.

Polizei und Hilfspolizei nutzten die ihnen jetzt legal zugestandenen Vollmachten rücksichtslos und brutal zur Ausschaltung und Einschüchterung ihrer Gegner aus. Viele Kommunisten wurden verhaftet, aber ebenso auch viele aktiv gegen Nationalsozialisten hervorgetretene Sozialdemokraten und Gewerkschaftler. Nur zu oft kam es bei Verhaftungen und in der Haft zu schweren Mißhandlungen. Doch in der Bevölkerung waren nur wenige darüber empört. Nicht vieles wurde bekannt, und was bekannt wurde, galt manchen als übertrieben, anderen als bedauerliche Einzelfälle in einer Zeit des »Umbruchs«, die sicherlich bald aufhören würde.

Hitler selbst vermied alles, was ihn als einen Gewaltherrscher erscheinen lassen konnte. Mit Zurückhaltung und psychologisch-propagandistischem Geschick stellte er sich als ein maßvoller, der Tradition verpflichteter Staatsmann dar. Die Eröffnung des Reichstages am 21. März 1933 nutzte er für eine große, eindrucksvolle Propaganda-Aktion. Er verlegte sie nach Potsdam. Durch die Feier in der Garnisonkirche, mit einem Besuch der Grabstätte Friedrichs des Großen und seiner Begegnung mit dem Feldmarschall von Hindenburg, dem er allen Respekt erwies, überzeugte er die, die dies sahen, daß er kein wilder Revolutionär war, sondern ein Mann, der im preußischen Geist regieren wollte; ein Mann, zu dem man Vertrauen haben konnte.

Die dies sahen, das waren breiteste Kreise der deutschen Bevölkerung; denn alle sehenswürdigen Vorgänge des »Tages von Potsdam« wurden auf Film aufgenommen und in Wochenschauen und Sonderprogrammen in sämtlichen Kinos Deutschland gezeigt. Intellektuelle fanden einige der Vorgänge kitschig gestellt; einigen Angehörigen der »besseren Kreise« erschien es an der Grenze des Komischen, wie Hitler im Cutaway und mit blankem Zylinderhut in der Hand sich tief vor dem greisen Feldmarschall verbeugte.

Aber die meisten, die in den Kinos die Aufnahmen aus Potsdam sahen, waren stark beeindruckt. Hitler und seine Propagandafachleute, vor allem der psychologisch geschulte Goebbels, wußten, welche starke Wirkung vom Bild, dem bewegten Bild des Filmes, das ihnen damals zur Verfügung stand, ausging. Seit dem »Tage von Potsdam« wurde es unablässig zusammen mit dem Rundfunk – um dessen Bedeutung Hitler und seine Leute schon von Anfang an wußten – eingesetzt, um die Bevölkerung in allen Kreisen und Schichten zu beeinflussen, sie in den Bann der nationalsozialistischen Propaganda zu ziehen.

Zwei Tage nach dem eindrucksvollen »Tag von Potsdam« beantragte Hitler von dem jetzt in der Kroll-Oper in Berlin tagenden Reichstag ein »Ermächtigungsgesetz«. Die Annahme des »Gesetzes zur Behebung der Not von Volk und Staat« (Ermächtigungsgesetz) durch das Parlament war für ihn nur noch ein propagandistisch wirksames Nachspiel. Der Reichstag nahm in seiner Sitzung am 24. März 1933 mit den Stimmen der Abgeordneten aller Parteien, außer denen der Sozialdemokraten und der Kommunisten, die nach dem Verbot ihrer Partei nicht mehr im Parlament vertreten waren, dieses »Ermächtigungsgesetz« an.

Es ermächtigte die Regierung – für vier Jahre, die Dauer einer regulären Parlamentsperiode – anstelle des Reichstages Verordnungen mit Gesetzeskraft zu erlassen. Damit war das Parlament ausgeschaltet, und die Regierung hatte von diesem sich selbst ausschaltenden Parlament diktatorische Vollmachten erhalten. Auch der Reichspräsident war ausgeschaltet. Die Gesetze, die von der Regierung aufgrund des Ermächtigungsgesetzes erlassen wurden, hatte er nicht mehr zu unterzeichnen.

Die Abgeordneten, die dem Gesetz zustimmten, glaubten, daß sie mit einer Ablehnung nichts erreichen konnten. Hitler hatte in seiner Begründung des Gesetzes – um nur einige Punkte hervorzuheben – versichert:

»Die Regierung beabsichtigt dabei, von diesem Gesetz nur insoweit Gebrauch zu machen, als es zur Durchführung der lebensnotwendigen Maßnahmen erforderlich ist. Weder die Existenz des Reichstages noch des Reichsrates soll dadurch bedroht sein. Die Stellung und die Rechte des Herrn Reichspräsidenten bleiben unberührt; ... Der Bestand der Länder wird nicht beseitigt, die Rechte der Kirchen werden nicht geschmälert.«

Manche der Abgeordneten der demokratischen Parteien, die für das Gesetz stimmten, glaubten wirklich, daß Hitler sich an die Worte halten würde; andere redeten sich ein, daß er es doch wohl tun könnte, und meinten, es wäre besser, ihm im Gesetzwege die Vollmachten zu übertragen – weil man sie dann vielleicht einmal wieder einschränken oder aufheben könnte –, als daß er aus eigener Machtvollkommenheit alle Herrschergewalt ergriff.

Gegen das Gesetz nahmen nur die Sozialdemokraten Stellung. Ihr Abgeordneter Otto Wels hielt eine denkwürdige Rede. »Wir deutschen Sozialdemokraten bekennen uns in dieser geschichtlichen Stunde feierlich zu den Grundsätzen der Menschlichkeit und Gerechtigkeit, der Freiheit und des Sozialismus«, rief er aus. »Wir grüßen die Verfolgten und Bedrängten.«

Am 4. Februar 1933 hatte im preußischen Landtag noch eine Mehrheit dieses Hauses einen Antrag der Nationalsozialisten auf Selbstauflösung abgelehnt. Sie hatte damit allerdings nicht verhindern können, daß bald darauf die Auflösung durch eine Verordnung der Regierung doch erfolgte. Seitdem war die Widerstandskraft der demokratisch Eingestellten immer mehr geschwächt und gebrochen worden. Auf den Reichstagssitzungen am 23. und 24. März 1933 fehlten sechsundzwanzig der gewählten sozialdemokratischen Abgeordneten. Manche von ihnen waren durch Verhaftung an der Teilnahme verhindert, andere waren, weil sie ihre Verhaftung befürchteten, ins Ausland geflohen.

Ins Ausland geflohen war schon am 5. März 1933 der

langjährige preußische Ministerpräsident Otto Braun, der auch außerhalb seiner sozialdemokratischen Parteikreise hohes Ansehen genoß und zu einer Symbolfigur preußischer Staatsführung im republikanischen Staat geworden war. Die Nachricht von seiner Flucht wurde selbst von vielen Nationalsozialisten mit Betroffenheit aufgenommen. Sie wurde bei Freund und Feind als ein Zeichen der inneren Schwäche der Demokraten gewertet.

Ähnlich wirkte später auch die Nachricht, daß Otto Wels, der mit seinem mannhaften Auftreten im Reichstag Aufsehen erregte und Bewunderung gefunden hatte, eine Woche danach seinen Austritt aus dem Büro der Sozialistischen Arbeiterinternationale erklärte, damit er nicht mit den scharfen Stellungnahmen dieser Organisation gegen Hitler belastet würde.

Hitler und seine Gefolgsleute standen jetzt allein im politischen Feld. Niemand anderer konnte jetzt das Schicksal Deutschlands bestellen. Wer nicht verzweifeln, sondern hoffen wollte, auf wen konnte er jetzt seine Hoffnung setzen, wenn nicht auf Hitler? Ihm vertrauten jetzt immer mehr Menschen. Vor allem Arbeiter und Arbeitslose, die um die Sicherung ihres Arbeitsplatzes bangten oder einen neuen finden wollten. Und hatte die NSDAP nicht auch ein »sozialistisches« Programm? Nachdem die Sozialdemokraten versagt hatten und die Kommunisten ausgeschaltet waren, konnten – vielleicht oder wahrscheinlich, möglicherweise sogar sicherlich – die Nationalsozialisten einen Sozialismus verwirklichen, den bisher keiner gebracht hatte.

Der Bundesvorstand des sozialistischen Allgemeinen Deutschen Gewerkschaftsbundes (ADGB) hatte am 20. März 1933 beschlossen, ein Angebot der Nationalsozialisten zur Zusammenarbeit anzunehmen. Sein Vorsitzender, Theodor Leipart, gab am Tage darauf diesen Beschluß bekannt. Er war in die Form einer Loyalitätserklärung gegenüber der Regierung gekleidet, in der es hieß, daß die sozialen Aufgaben der Gewerkschaften erfüllt werden, »gleichviel welcher Art das Staatsregime« sei.

In dieser Stimmung, in der nach den März-Wahlen Hitler neue Anhänger zuliefen und nach den Vorgängen im März noch mehr hinzukamen und diejenigen, die ihm nicht folgen wollten, sondern weiter gegen ihn eingestellt waren, nicht mehr wußten, was sie tun, wohin sie sich wenden, auf wen anderen sie noch hoffen konnten – in dieser Stimmung sah Hitler sich in der Lage, die Organisationen aufzulösen, die dem Nationalsozialismus entgegengestanden hatten und aus denen ihm unter Umständen noch Hemmungen oder gar ein Widerstand erwachsen konnte. Mit der Eingliederung der Mitglieder dieser Organisationen in nationalsozialistische Organisationen konnte er sie dann mit seiner Propaganda erfassen.

Der erste und vielleicht wichtigste Schritt war die Auflösung der sozialistischen Gewerkschaften – des ADGB und des Allgemeinen freien Angestelltenbundes AfA – und die Überführung der anderen Gewerkschaften – der Christlichen und der Hirsch-Dunckerschen Gewerkschaften sowie der verschiedenen Angestelltengewerkschaften neben dem AfA und der Beamtenorganisationen – in eine nationalsozialistische Organisation. Die Gewerkschaften, die sozialistischen wie die anderen, hatten es begrüßt, daß Hitler den 1. Mai zum »Tag der Arbeit« erklärte. Zehntausende von Arbeitern marschierten an allen Orten zu den festlichen Mai-Kundgebungen, die fast überall unter nationalsozialistischer Rege standen.

Am 2. Mai 1933 erfolgte dann der Schlag gegen die sozialistischen Gewerkschaften. Sie wurden für aufgelöst erklärt, ihre Büros von Nationalsozialisten besetzt, einige ihrer prominenten Führer verhaftet. Es erhob sich kein Aufschrei unter der Arbeiterschaft. Von einigen Tumulten bei Besetzungen von Gewerkschaftsbüros abgesehen, nahmen die Arbeiter dieses Vorgehen der Nationalsozialisten hin. Und am 1. Mai 1933 waren aus den Wohnungen der Arbeiterviertel in Berlin und anderen Großstädten viele Hakenkreuzfahnen zu sehen.

Ein »Kongreß der deutschen Arbeit« als »Organisation aller schaffenden Deutschen der Stirn und der Faust« trat am 10. Mai 1933 ins Leben. Ihm gehörten zusammen mit der nationalsozialistischen Arbeiterorganisation und den bestehengebliebenen Gewerkschaften zugleich die Arbeitgeberorganisationen an. Aus diesem »Kongreß«, dessen Leitung der bisherige Leiter der Nationalsozialistischen Betriebszellen-Organisation (NSBO), Robert Ley, übernahm, entwikkelte er die »Deutsche Arbeitsfront«, die im weiteren Verlauf des Jahres 1933 und bis zum Herbst 1934 sämtliche Berufstätigen erfaßte.

Alle Organisationen der gewerblichen Wirtschaft, der Dienstleistungsbereiche wie des Handels und der Banken sowie der Landwirtschaft, die im »Reichsnährstand« eine eigene Organisation erhielt, wurden in die Arbeitsfront eingegliedert. Für die »geistig« Schaffenden, die »Arbeiter der Stirn«, wurde die »Reichskulturkammer« errichtet. Ihre Mitglieder waren korporative Mitglieder der Arbeitsfront. Die Mitgliedschaft war formal-rechtlich eine freiwillige. Aber wer nicht Mitglied wurde, der erhielt – ganz entsprechend dem in manchen Ländern praktizierten Gewerkschaftsprinzip des »closed shop« – keine Arbeitsmöglichkeit.

Bei der Eingliederung schon bestehender Organisationen in die Arbeitsfront wurde dafür gesorgt, daß jetzt Nationalsozialisten die leitenden Stellungen besetzten. Soweit die bisherigen Leiter an ihren Stellungen blieben, wurden sie aufgefordert, in die Partei einzutreten. Einige traten daraufhin von ihren Posten zurück, andere traten in die Partei ein. Sie wurden in diesem Beschluß meist gerade von den nichtnationalsozialistischen Mitgliedern bestärkt, oft direkt dazu gedrängt, damit keine eingefleischten Nationalsozialisten an ihre Stelle traten und durch die Fortführung der Ämter unter den bisherigen Inhabern »Schlimmeres verhütet« wurde.

Für die Eingliederung bestehender Organisationen in die Arbeitsfront und den Eintritt ihrer bisher nichtnationalsozialistischen Leiter in die Partei wurde die Kennzeichnung »Gleichschaltung« üblich. Sie entstammte den am 31. März und 7. April 1933 erlassenen Gesetzen zur »Gleichschaltung« der Politik und Verwaltung von Reich und Ländern, deren Durchführung mit der Ausschaltung nichtnationalsozialistischer Beamter aus leitenden Stellungen und ihre Ersetzung durch Nationalsozialisten oder leitende Beamte, die sich zum Eintritt in die NSDAP bereitfanden, verbunden war.

Der »Gleichschaltung« hatte auch das am 7. April 1933 ergangene »Gesetz zur Wiederherstellung des Berufsbeamtentums« gedient. Es hatte einen legal erscheinenden und in mancher Hinsicht als berechtigt angesehenen Ausgangspunkt in dem Tatbestand, daß in der Weimarer Republik in einem nicht unerheblichen Umfang leitende Beamtenstellen mit Personen besetzt waren, die dafür nicht die berufliche Qualifikation hatten und ihre Einsetzung oder Beförderung allein ihrer Parteizugehörigkeit oder Verbindungen zu Parteien verdankten.

Dieses Gesetz wurde dazu benutzt, um Personen, die den Nationalsozialisten nicht angenehm waren, aus ihren Ämtern zu entfernen und durch altgediente oder zum Parteieintritt bereite Mitglieder der NSDAP zu ersetzen. Mit seinem »Arierparagraphen« war das Gesetz zur Wiederherstellung des Berufsbeamtentums zugleich ein antisemitisches Gesetz, mit dem Juden aus Beamtenstellungen herausgesetzt wurden.

Als die Gleichschaltung eingeleitet war, kam das Ende der demokratischen Parteien. Am 22. Juni 1933 wurde die SPD vom Reichsminister des Innern verboten. Die anderen Parteien beschlossen in den folgenden vierzehn Tagen ihre Auflösung und erleichterten damit ihren Mitgliedern den Übertritt in die NSDAP und ihre Gliederungen. Als letzte beschloß am 5. Juli 1933 die Zentrumspartei ihre Auflösung.

Die Standhaften

Es ist bisweilen schwer zu beurteilen, für welche von zwei Möglichkeiten man sich entscheiden und welches von zwei Übeln man über sich ergehen lassen soll, und oft noch schwerer, bei dem gefaßten Entschluß zu bleiben.

Aristoteles

Nach der Auflösung der Parteien und der Ausschaltung der Gewerkschaften gab es keine politische Organisation mehr, die Hitler hätte entgegenwirken können. Angesichts des Versagens der Staatsführung der Weimarer Republik und der kampf- und würdelosen Aufgabe der parlamentarischen Demokratie wurde dies in breitesten Kreisen der Bevölkerung ohne Erschütterung und Befürchtung aufgenommen, von einer Mehrheit sogar mit Hoffnung auf eine Wende zum Besseren verbunden. Hitler und seine Gefolgsleute konnten in ihrem Kampf gegen ihnen gefährlich erscheinende Gegner noch härter und schärfer vorgehen als bisher, ohne einen ernsthaften Widerstand befürchten zu müssen.

Hitler aber bemühte sich, die Bevölkerung möglichst wenig erkennen zu lassen, was jetzt noch an Unterdrückungsmaßnahmen durchgeführt wurde – willkürliche Verhaftungen, die Zustände in den Konzentrationslagern oder selbst die Existenz von Konzentrationslagern und bis zum Totschlag gehende Gewalthandlungen. In Reden, die er nach dem März 1933 hielt, erklärte er noch mehrmals, daß die Revolution noch weitergehe. Doch diese Erklärungen waren hauptsächlich für die Mitglieder der NSDAP und der SA bestimmt, die auf eine Verwirklichung der sozialistischen Parolen des Parteiprogramms hofften und sich, weil diese ausblieb, nun enttäuscht oder schon verraten fühlten.

Für die Deutschen, die außerhalb der nationalsozialistischen Bewegung standen, gab Hitler sich als der Staatsmann, der mit seiner Regierung eine nach rechtsstaatlichen Grundsätzen zum Wohle des Volkes arbeitende Verwaltung herbeiführte und es bedauerte, wenn es noch zu einzelnen Gewalthandlungen kam. Bald wurde weit verbreitet geglaubt, daß er alle Ausschreitungen mißbillige und verurteile. »Wenn das der Führer wüßte«, so würde es nicht geschehen, war oft zu hören.

In seiner »Friedensrede« vor dem Reichstag am 15. Mai 1933 legte er dar, daß er auch auf dem Gebiet der Außenpolitik einen gemäßigten Kurs verfolge, der zu keinem Konflikt, sondern im Gegenteil zur Sicherung des Friedens führen werde. Für diese Erklärungen erhielt er die Zustimmung aller Mitglieder des Reichstages, auch der Mitglieder der SPD. Sie wurden in der deutschen Bevölkerung gern gehört und ebenso gern von den ausländischen Regierungen zur Kenntnis genommen, denen es zu jenem Zeitpunkt wohl ungelegen gekommen wäre, wenn sie gegen Hitler hätten Stellung beziehen sollen. Der Anklang, den diese Rede und das Vorgehen Hitlers im Ausland fanden, trug dazu bei, daß Hitler vielen Deutschen jetzt als der »Friedenskanzler« erschien. Wer darauf hinwies, daß sein außenpolitisches Programm und die Art und Weise, in der er es wahrscheinlich verfolgen würde, außenpolitische Konflikte und schließlich einen Krieg auslösen könnten, wurde – und dies nicht nur bei eingeschworenen Nationalsozialisten – als töricht, voreingenommen oder böswillig angesehen.

Im Besitz der politischen Macht, die ihm keiner streitig machte, begann Hitler mit seiner Einwirkung auf die Bevölkerung, um sie in weitesten Kreisen bis nahezu in ihrer Gesamtheit für seine Ziele zu gewinnen, sie zu einer Bindung an seine Person in voll ergebener Gefolgschaft zu bringen. Historiker können darüber streiten, wieweit Hitler schon in den Jahren 1933 und 1934 sich über seine Absichten voll im klaren war und seine Handlungen schon seit damals planmäßig auf die Verwirklichung dieser Absichten angelegt waren, oder ob er von Fall zu Fall die günstigen Gelegenheiten ausnützte, die sich ihm auf seinem Wege darboten, um dann nach jedem erreichten – und ihm mehrfach leicht dargebotenem Erfolg – seine Ziele weiter zu stecken.

Um die Menschen für sich zu gewinnen, fand Hitler verschiedene Ansatzpunkte. Er hatte im Kreise seiner engsten Mitarbeiter hochbegabte und hochbefähigte Männer, die mit ihrer sehr unterschiedlichen Wesensart die verschiedensten Bevölkerungskreise ansprachen. Von den Gegnern des Nationalsozialismus sind diese Männer aus der feindlichen Einstellung ihnen gegenüber und, weil mehrere von ihnen die schlimmsten, zum Teil rein verbrecherische Charaktereigenschaften hatten, häufig unterschätzt worden.

Es erregte nach dem Kriege im Ausland Erstaunen, als im Nürnberger »Kriegsverbrecher-Prozeß« die psychologischen Sachverständigen feststellten, daß die Hauptangeklagten eine weit überdurchschnittliche Intelligenz besaßen. Hitler hatte sich überdurchschnittlich intelligente Männer zu seinen Mitarbeitern ausgewählt. Er brauchte sie, um die organisatorischen Aufgaben durchführen zu lassen, die für den Aufbau einer gut funktionierenden Staatsverwaltung, einer leistungsfähigen Wirtschaft und einer schlagkräftigen Streitmacht notwendig waren, und um mit ihnen – nicht nur gestützt auf diese Leistungen, sondern auch durch ihr persönliches Verhalten – das Zutrauen der Bevölkerung im einzelnen wie in breiten Kreisen zu gewinnen.

Da war es vor allem Hermann Göring, der Kampfflieger

des Ersten Weltkrieges, der so wirkungsvoll reden konnte und so verbindlich und freundlich auftrat. Seine Eitelkeit, sein Hang zu Prunk und Pomp wie seine Dickleibigkeit gaben Anlaß zu Spott und Witzen über ihn. Aber sie ließen ihn so menschlich erscheinen. Das täuschte alle bis auf die allzu wenigen, die sein Wirken näher beobachten konnten, darüber, daß er ein eiskalter, ein rücksichts-, hemmungs- und gewissenloser Handlungsgehilfe Hitlers war; besessen von Geltungssucht und Machtstreben, dabei erkennend, daß er nur durch seine Stellung als enger, möglichst engster vertrauter Mitarbeiter Hitlers Macht gewinnen und erhalten konnte; der deshalb bedenkenlos allen Anordnungen Hitlers nachkam, ihm nur das sagte, was er zu hören wünschte; und der sogar bemüht war, seinen Wünschen und Bestrebungen zuvorzukommen, bevor sie ausgesprochen und angeordnet wurden.

Mit seiner so jovial und menschlich wirkenden Art täuschte er nicht nur viele, die mit ihm selbst in Kontakt kamen, sondern auch die breite Öffentlichkeit. Den Eindruck, den sie erhielt, übertrug sie zugleich auch auf den Charakter der nationalsozialistischen Politik, die ja gar nicht unmenschlich sein konnte, wenn an ihrer Spitze ein Mann wie dieser Hermann Göring mitwirkte. Wer erfuhr schon oder ahnte auch nur etwas davon, daß unter Duldung und dem Befehl Görings als preußischer Innenminister die Polizei unter Mitwirkung von SA-Trupps politische Gegner festnehmen ließ, daß er das »Geheime Staatspolizeiamt« mit seinem Exekutivorgan, die »Gestapo«, schuf und als oberster Polizeiherr letztlich verantwortlich dafür war, was alles in den in Preußen gelegenen KZs geschah.

Man sah in Göring einen Freund und Beschützer von Juden. In seinem Verwaltungsbereich blieben in leitenden Stellungen »Halbjuden« und »jüdisch Versippte« – das heißt mit Jüdinnen Verheiratete – weiter tätig oder wurden auch neu in solche Stellungen herangezogen. Für die Verwaltung der von ihm ins Ausland verbrachten Vermögenswerte und für den Ankauf von Kunstgegenständen im Ausland benutzte er einen ihm befreundeten »jüdisch Versippten«. Es blieb der Öffentlichkeit verborgen, daß er 1941 einer der Hauptbeteiligten für die Einleitung der »Endlösung der Judenfrage« war.

Für weite Kreise des deutschen Volkes war Hermann Göring – gerade mit seinen offen hervortretenden und manchmal vielleicht bewußt hervorgekehrten Schwächen – ein menschlich sympathischer, ein gewinnender Mann, der mit dieser Art viele für den Nationalsozialismus gewann.

Ein ganz anderes Bild hatte die Öffentlichkeit von Heinrich Himmler. Dieser scheue, in sich gekehrte Pedant mit fast asketischer Haltung, beherrscht von einem ins Mystische gehenden Rassenfanatismus, der zunächst von Hitler zum Polizeipräsidenten von München ernannt, dann von Göring als sein Stellvertreter an die Spitze der Geheimen Staatspolizei in Preußen gestellt wurde und der schließlich der Herr des gesamten deutschen Polizeiapparates wurde, war vielen unheimlich.

Wer etwas von Verfolgungen Andersgesinnter und Juden oder von Vorgängen in KZs erfuhr, verband dies mit der Person Himmlers. Nicht viele erlangten solche Kenntnisse, aber von ihnen aus verbreitete sich die Feststellung, daß hier ein Mann mit unheimlicher Härte am Werke war. Zugleich aber wirkte er auf einige Menschen faszinierend. Es war dies zahlenmäßig ein nur kleiner, für Hitler und seine politischen Absichten aber sehr wichtiger Kreis.

Ihm gehörten vor allem junge intelligente Menschen an, die politisch tätig sein wollten. Nicht oder nur in Ausnahmefällen zog sie der Rassenmythos bei Himmler an. Vielmehr war es die Hingabe an den Staat und seine Aufgaben in selbstloser Pflichterfüllung und – im Gegensatz zu Görings Verhalten – in unbedingter Unbestechlichkeit mit der Forderung von Leistung und Treue, die nicht die Schlechtesten dazu bewog, der SS unter ihrem »Reichsführer« Heinrich Himmler beizutreten.

Ein ganz anderer Mann war Rudolf Heß, ein gebildeter Idealist, Fliegerleutnant im Ersten Weltkrieg, dann Assistent eines weltweit angesehenen Münchener Professors, der in der Stellung des Stellvertretenden Parteiführers als ein Garant für die Sauberkeit und die guten Absichten der NSDAP angesehen wurde. Ähnlich etwa Baldur von Schirach, der »Reichsjugendführer«, der aus der Jugendbewegung kam und ebenso, wenn nicht noch mehr als Rudolf Heß von reinem Idealismus getragen erschien.

Dagegen war Ernst Röhm, der Führer der SA, ein Haudegen, dessen Freude am Alkohol allgemein und dessen homosexuelle Neigung nicht wenigen bekannt war. Doch es war nicht nur sein großes organisatorisches Talent, das ihn für Hitler so wichtig machte. Röhm hatte mit seinen Derbheiten auf manche alte Frontsoldaten und kampfeslustige Jugendliche eine schwer erklärbare, aber offensichtlich wirksame Anziehungskraft und erreichte in seiner SA eine willige Gehorsamsbereitschaft.

Eine große Vorliebe für den Alkohol – eine weit größere, als sie Röhm hatte – besaß Robert Ley, den Hitler an die Spitze der »Deutschen Arbeitsfront« stellte. Seine Trinkfreudigkeit war allgemein bekannt, ebenso auch seine Schürzenjägerei. Doch das minderte nicht sein Ansehen bei der Arbeiterschaft, sondern trug eher dazu bei, ihn, der vordem ein erfolgreicher Unternehmer in der chemischen Industrie war, als einen der ihren zu betrachten, während Unternehmer ihn wegen dieser Schwächen unterschätzten und seine ungewöhnliche Organisationsbegabung und die Zielsicherheit, mit der er seine Politik verfolgte, verkannten.

Eine starke Persönlichkeit war Joseph Goebbels. Mit seiner Rednergabe fing er große Massen ein. Sein scharfer Intellekt wirkte aber auch auf viele Angehörige der intellektuellen Kreise, die anfänglich dem Nationalsozialismus ablehnend gegenübergestanden hatten, aber nicht selten in seinen Bann gerieten, je länger sie seine Argumente zu hören und zu lesen bekamen.

Eine besondere Rolle spielte Julius Streicher. Sein fanatischer, haßerfüllter, in primitiver und schmutzigster Weise vorgebrachter Antisemitismus fand anfangs nur in begrenzten Bereichen Anhänger. Er hat lange Zeit weit mehr Menschen von einem Anschluß an die nationalsozialistische Bewegung abgestoßen als dazu angezogen. Doch im Verlauf der Jahre hat sein Wirken zur Ausbreitung und Verschärfung des Antisemitismus unter den Anhängers Hitlers beigetragen.

Als ein Gegengewicht gegenüber Streicher wirkte Alfred Rosenberg. Er galt als der führende Ideologe des Nationalsozialismus. 1930 hatte er seine Ideen in dem Buch »Mythos des 20. Jahrhunderts« dargelegt. Nur sehr wenige lasen dieses Buch. Aber man wußte, daß es eine ganz andere Begründung der Rassentheorie als die grobschlächtigen antisemitischen Ausfälle Streichers gab, und folgerte daraus, daß die rassentheoretischen Vorstellungen des Nationalsozialismus nicht nach dem beurteilt werden dürften, was im »Stürmer«, dem Blatt Streichers, gegen die Juden vorgebracht wurde.

So wesensverschieden die Männer um Hitler waren und so unterschiedlich ihre Wirkung auf die Öffentlichkeit und einzelnen Kreise der Deutschen war, sie alle kamen der Bevölkerung viel näher, als es die führenden Politiker der Weimarer Republik – von wenigen Ausnahmen abgesehen, wie zeitweilig Stresemann, in sehr kurzer Zeit Brüning und während eines längeren Zeitraums in Preußen Otto Braun – gewesen waren. Diese hatten immer weniger Verbindung zum Volk, waren ihm als die Spitzen eines »Systems« mehr und mehr entrückt. Ganz anders die Repräsentanten der NSDAP und ihrer Gliederungen. Sie suchten die Verbindung zum Volk und fanden sie. Durch diese Verbindungen führten sie dem Nationalsozialismus neue Anhänger zu und banden alte Anhänger fester in die Gefolgschaft.

Auch die Nicht-Nationalsozialisten in der Regierung Hitlers – voran Franz von Papen, dazu Hjalmar Schacht, Lutz Graf Schwerin von Krosigk und Konstantin von Neurath – trugen durch ihr Mitwirken in der Regierung dazu bei, daß viele, die bisher den Nationalsozialismus abgelehnt hatten, ihr Urteil jetzt änderten. Sie sahen »das Positive« dieser politischen Richtung und waren, eher als vordem, bereit, das Negative als Nebenerscheinungen, als etwas Vorübergehendes, zu betrachten, das neben dem Positiven immer mehr an Gewicht verlor.

Den größten, den entscheidenden Erfolg bei der Gewinnung bisher abseits und im gegnerischen Lager Stehender hatte Hitler aber, als er in fortgesetzter Darstellung seiner am »Tag vom Potsdam« gezeigten Haltung sich als ein Staatsmann zeigte, der seine Politik nach ethischen Werten ausrichtete. Was die Weimarer Republik vernachlässigt und falsch gemacht hatte, das würde er jetzt – so erklärte er und so gab er sich – nachholen und besser machen. Viele der Deutschen, die bis dahin den Nationalsozialismus als verwerflich und gefahrbringend angesehen hatten, gewann er dadurch, daß er sich als ein Politiker gab, der gerade ihre Ziele, die in der Weimarer Republik nicht beachtet oder bekämpft worden waren, verfolgte und der – anders als die gescheiterten Politiker der Weimarer Republik – seine Ziele auch verwirklichen würde.

Den national Eingestellten bewies er, daß er die Zeit der Würdelosigkeit Deutschlands beendete. Vaterlandsliebe, Heimattreue – Begriffe, die in der Weimarer Zeit nur zuoft herabgesetzt worden waren – brachte er wieder zu Ehren. Das Gemeinschaftsgefühl, das von einem übertriebenen, falsch ausgerichteten Liberalismus nicht gebührend beachtet und vom radikalen Sozialismus durch den Klassenkampfgedanken zurückgedrängt worden war, wurde wieder erweckt und gestärkt. Die »Volksgemeinschaft«, von der die Nationalsozialisten sprachen, wurde von vielen, vielen Deutschen jetzt als eine Wirklichkeit empfunden.

Hitler appellierte an die alten preußischen Grundsätze der selbstlosen Pflichterfüllung, der Geltung durch Leistung und der Opferbereitschaft für Staat und Gemeinwohl. Nachdem eine übertrieben liberalistische Rechtsprechung und Polizeipraxis die öffentliche Sicherheit empfindlich beeinträchtigt hatte, so daß in Großstädten »Ringvereine« offen Straftäter unterstützen und andere Organisationen mit illegaler bis zu offener Kriminalität gehender Tätigkeit sich ausbreiten konnten, sorgte die Polizei, seit Hitler regierte, für Ordnung und Sicherheit. Nur wenige beunruhigte es, daß bei ihrem harten Vorgehen nicht selten die rechtsstaatlichen Grenzen des Schutzes des einzelnen überschritten wurden.

Volkstümliche kulturelle Strömungen und traditionsverwurzelte Kunstrichtungen waren in der Weimarer Zeit von einem großen Teil der Presse in abfälliger und boshafter Weise, mit Spott und Ironie behandelt worden. »Moderne« Produkte der Literatur, der bildenden Künste, des Theaterwesens und der Musik waren dagegen hoch gelobt und propagiert worden. Gerade solche Erzeugnisse, die von den wenigsten verstanden wurden und deren künstlerischer und kultureller Wert oft sehr fragwürdig war – oder schon außerhalb jeder ernsthaften Frage stand –, wurden am stärksten gepriesen. Und wer diese Wertschätzungen anzweifelte, der wurde als Ignorant und Banause hingestellt.

Daß die Nationalsozialisten sich gegen solche im wahrsten Sinne des Wortes »volksfremde« Kunst- und Kulturrichtungen und vor allem gegen ihre Verherrlicher wandten, fand Anklang, auch bei vielen Kunst- und Kulturschaffenden und darunter bei manchen, die mit guten Leistungen aufwarten konnten. Die Art des Vorgehens der Nationalsozialisten, die Ausdehnung des Bereiches, gegen den sie vorgingen, und was alles sie als »artfremde« Kunst verwarfen, ließ allerdings auch viele stutzig werden und für die Zukunft Schlimmeres befürchten.

Manch einer war geschockt, als am 10. März 1933 Studenten, veranlaßt von der nationalsozialistischen Studentenführung, an vielen Orten zusammen mit SA-Formationen öffentliche Bücherverbrennungen durchführten. Doch von der Mehrheit der Bevölkerung und selbst von vielen der Kultur- und Kunstschaffenden wurde dies als ein Vorgang eingeschätzt, der noch dem Überschwang des Revolutionsgeistes zuzuschreiben war und deswegen nicht stärker beachtet zu werden brauchte. Wer hier Gefährlicheres heraufkommen sah, dem wurde entgegengehalten, daß zum Beispiel Verleger noch – so geschah es bis in das Jahr 1934 hinein – Schriften von jüdischen Autoren veröffentlichen konnten, also keineswegs eine allgemeine, durchgreifende Bekämpfung nichtnationalsozialistischen Kulturschaffens eingesetzt habe. Wer damals aus solchen und ähnlichen Anlässen erschreckt war und vor dem Heraufziehen größeren Unheils warnen und ihm entgegenwirken wollte, befand sich in einer kleinen Minderheit, der keine größere Organisation einen Rückhalt bot.

Im Juli 1933 wurde die Sperre für den Eintritt in die NSDAP aufgehoben und unter der Beamtenschaft, in den verschiedensten Oranisationen sowie in den Betrieben wieder für den Eintritt geworben. Wer in leitender Stellung stand, dem wurde nahegelegt, Parteimitglied zu werden. Nur in Ausnahmefällen wurde direkt Zwang mit der Androhung des Verlustes der Stellung ausgeübt. Wenn dies geschah, dann wohl kaum auf Anordnung der Parteiführung, sondern meist von untergeordneten Parteifunktionären, die mit der Gewinnung von Mitgliedern ihren Eifer bekunden wollten.

Der Zustrom zur Partei und stärker noch zu ihren Gliederungen war groß, und zwar aus verschiedenen Gründen. Nicht wenige kamen aus einer inzwischen gewandelten politischen Überzeugung; sie schätzten sich glücklich, nun der Partei – wenn auch als »Spätlese«, wie dieser Parteizugang nach den »März-Gefallenen« im Volksmund spöttisch bezeichnet wurde – anzugehören. Es traten aber auch – ähnlich, nur jetzt in weit größerer Zahl als in der Zeit, in der die Nationalsozialisten auf die Regierungsübernahme zumarschierten – andere, die nicht für den Nationalsozialismus gewonnen waren, sondern ihn weiterhin als eine Gefahr für Deutschland ansahen, in die Partei und ihre Gliederungen ein. Sie taten dies, weil sie keine andere Möglichkeit sahen, weiterhin tätig zu sein, und weil sie überzeugt waren, als Mitglieder der Partei oder einer ihrer Organisationen »Schlimmeres verhüten« zu können.

Sie wollten ihre Stellungen nicht an Nationalsozialisten abtreten und damit deren Wirkungsbereich ausweiten. Nicht selten wurden sie von ihren Mitarbeitern gebeten, die Mitgliedschaft zu erwerben, weil sonst die Übernahme ihrer

Stellung durch Nationalsozialisten befürchtet wurde. Dies geschah oft in Ministerien und anderen Abteilungen der Verwaltung; häufiger noch in Verbänden und Vereinen, deren Vorstände von nichtnationalsozialistischen Mitgliedern bedrängt wurden, ja nicht die Mitgliedschaft zu verweigern. In vielen Vorständen von Unternehmen wurde das eine oder andere Vorstandsmitglied aufgefordert, ungeachtet seiner politischen Einstellung, der Partei beizutreten, damit dem Unternehmen keine Schwierigkeit erwachsen würde und es vielleicht Vorteile erlangen konnte. Einzelne Gruppen nichtnationalsozialistisch Gesinnter beschlossen, geschlossen einer der Organisationen, wie etwa der Motor- oder Marine-SA oder der Reiter-SS beizutreten, um dort als gemeinschaftliche Gruppe, als Clique, zusammenhalten und sich der Einflußnahme parteigebundener Nationalsozialisten entziehen zu können.

Während jüdische Wissenschaftler und Künstler, Beamte, Angehörige freier Berufe und Kaufleute durch die Unterbindung ihrer Tätigkeit oder Berufsentfaltung sich zur Emigration gezwungen sahen und politische Gegner der Nationalsozialisten sich nur durch die Flucht aus Deutschland retten konnten, gab es damals auch Deutsche, denen verlockende Angebote für eine Tätigkeit im Ausland gemacht wurden, die aber solche Angebote ausschlugen, weil sie gerade als Nichtnationalsozialisten ihr Vaterland nicht verlassen wollten. Sie hielten es für ihre Pflicht zu bleiben, eben um das Feld nicht völlig den Nationalsozialisten zu überlassen und, wo immer es möglich war, noch weiterhin zum Guten zu wirken. Es waren gewiß nicht viele, denen sich für eine Emigration günstige oder einigermaßen erträgliche Bedingungen stellten und die sich dessen bewußt waren, daß ihnen in Deutschland schwere Zeiten bevorstanden; aber es gab sie, vielleicht sogar in größerer Anzahl, als dies die emigrierten Gegner des Nationalsozialismus wahrhaben wollten.

Als tragisch ist das Schicksal der Führer der Jugendbewegung anzusehen, die übereinkamen, der Hitlerjugend beizutreten und ihre Bünde geschlossen in diese Organisation zu überführen. Sie glaubten, sie würden mit ihrer Gefolgschaft in führenden Stellungen die Hitlerjugend nach ihren Vorstellungen formen und mit ihrem Geist erfüllen können. Sie mußten bald ihre Ohnmacht gegenüber der Propagandafähigkeit und der Organisationsgeschicklichkeit der nationalsozialistischen Hitlerjugend-Führer erkennen.

Den stärksten geistigen Widerstand gegen den Nationalsozialismus hatte während seines Vormarsches die katholische Kirche geboten. Doch nach den Märzwahlen hatte sie ihre Haltung geändert. Die Einstellung, die sie nunmehr gegenüber dem Nationalsozialismus einnahm, formulierte die Fuldaer Bischofskonferenz am 28. März 1933 so: »Ohne die in unseren früheren Maßnahmen liegende Verurteilung bestimmter religiös-sittlicher Irrtümer aufzuheben, glaubt daher das Episkopat, das Vertrauen hegen zu können, daß die vorbezeichneten allgemeinen Verbote und Warnungen nicht mehr als notwendig betrachtet zu werden brauchen. Für die katholischen Christen, denen die Stimme ihrer Kirche heilig ist, bedarf es auch im gegenwärtigen Zeitpunkt keiner besonderen Mahnung zur Treue gegenüber der rechtmäßigen Obrigkeit und zur gewissenhaften Erfüllung der staatsbürgerlichen Pflichten unter grundsätzlicher Ablehnung allen rechtswidrigen oder umstürzlerischen Verhaltens.«

Mit dem Abschluß eines Konkordates am 20. Juli 1933 für das gesamte Reich – um das sich die katholische Kirche in der Weimarer Zeit lange vergeblich bemüht hatte – kam die Bereitschaft einer Zusammenarbeit mit der nationalsozialistischen Regierung vollends zum Ausdruck. Das stärkte Hitlers Geltung nicht nur bei deutschen Katholiken, sondern hatte seine Wirkung bei der gesamten deutschen Bevölkerung und darüber hinaus im Ausland. Und die günstige Beurteilung im Ausland hatte wieder ihre Rückwirkung auf das Inland.

Die Verpflichtung der Regierung im Konkordat, »die Freiheit des Bekenntnisses« zu gewährleisten, hielt die Nationalsozialisten nicht davon ab, ihre gegen die katholische Religion gerichtete Politik fortzusetzen. Auf Priester, deren Äußerungen mißfielen, auf katholische Vereine, vor allem Jugendvereine, auf Redakteure von Kirchenblättern, deren Veröffentlichungen nicht gefielen, wurde Druck, nicht selten harter Druck ausgeübt. Doch es waren einzelne Personen oder Gruppen aus der SA, der Hitlerjugend oder in Einzelfällen der Gestapo, die diesen Druck ausübten. Die Regierung und die Spitzen der nationalsozialistischen Organisationen hielten sich zurück, um nicht offen das Konkordat zu brechen.

Ungeachtet der offiziellen Einstellung der katholischen Kirche hielten viele katholische Priester, von Bischöfen bis zu Pfarrvikaren, viele Leiter von katholischen Vereinen und viele ihrer Mitglieder, hier vor allem Mitglieder von Jugendvereinen, an ihrer Haltung fest, die sie oft in Gegensatz zum Nationalsozialismus brachte. Doch diese ihre Haltung blieb mehr und mehr im Verborgenen. Ihr fehlte dadurch jede weitergehende Wirkung. Und wer an ihr festhielt, fand immer weniger Rückhalt und Unterstützung, geriet mehr und mehr in Isolierung.

Die evangelische Kirche hatte in Deutschland niemals eine einheitliche Organisation und noch weniger eine einheitliche geistige Ausrichtung gehabt. Sie zählte 28 selbständige Landeskirchen und war in mehrere Bekenntnisse und noch mehr theologische Richtungen gespalten. Seit 1927 war von Thüringen ausgehend eine »nationalkirchliche Bewegung« entstanden, die sich über das ganze Reichsgebiet ausbreitete. Unter dem Namen »Kirchenbewegung Deutsche Christen« wollte sie eine Reform der gesamten deutschen evangelischen Kirche im nationalsozialistischen Geist erreichen. Die ihr vom Volksmund im Spott beigelegte Charakterisierung »SA Gottes« wurde von nicht wenigen ihrer Anhänger mit Stolz aufgenommen.

Im Laufe des Jahres erhielten die Deutschen Christen einen schnell anschwellenden Zulauf von Pfarrern wie von Gemeindegliedern, die sich von einer Vereinigung nationalsozialistischer Gesinnung mit christlichem Glauben Gutes versprachen. Als die Vertreter der am entschiedensten nationalsozialistisch eingestellten Richtung im Herbst 1933 auf einer Versammlung im Berliner Sportpalast so weit gingen, die Abkehr vom Alten Testament und die Einführung des Arier-Paragraphens für Pfarrer und Gemeindeglieder zu fordern, traten ihnen andere evangelische Christen gegenüber, die sich als »Bekennende Kirche« zusammengefunden hatten. Innerhalb der Bekennenden Kirche bildeten sich verschiedene Gemeinden und Zusammenschlüsse, die eine entschiedene Haltung gegenüber dem Nationalsozialismus einnahmen. Eine größere Wirkung in der Öffentlichkeit hatten sie nicht.

Für die Machtstellung Hitlers und die Verfolgung seiner Politik brachten die antinationalsozialistisch Eingestellten in der katholischen wie in der evangelischen Kirche keine Gefahr, nicht einmal eine spürbare Beeinträchtigung. Wer konnte ihn, nachdem er auch in der Spitze der Wehrmacht so viele Anhänger gefunden hatte, daß er von seiten der Militärs kaum etwas zu befürchten brauchte, noch aufhalten und einen Wechsel in der Regierung herbeiführen? Doch es gab Gegner, die gegen ihn vorgehen wollten. Sie erwogen und berieten, was unternommen werden konnte, um die Regierung Hitlers zu stürzen. Sie waren sich dessen bewußt, daß wenig Aussichten für das Gelingen eines Putsches bestanden, nachdem ein Vorfühlen bei Generälen der Reichswehr gezeigt hatte, daß mit einem Mitwirken des Militärs nicht zu rechnen war.

An drei Stellen wurden ernsthaft Putschpläne erwogen. Vielleicht auch noch an anderen mehr. Denn alles dies spielte sich in einem bisher nicht erhellten Dunkel ab, das wohl auch nie mehr ganz erhellt werden wird. Einmal waren es Kreise um Röhm, zum anderen Männer in der Dienststelle von Papens und schließlich einige Männer in der Reichsleitung des Stahlhelm. Zwischen diesen drei Stellen bestanden Verbindungen, aber keine klaren Absprachen über ein gemeinsames Vorgehen. Sie stimmten lediglich in der Zielsetzung überein. Zu einem festen Plan war keine der drei Stellen gelangt.

Es sollte eine neue Regierung gebildet werden. Von Hitlers engsten Mitarbeitern, seinen »Handlangern«, sollten Goebbels, Himmler, Heydrich, Heß, Frick und Lammers ausgeschaltet werden. Ob auch Göring und Röhm – nachdem er für die Durchführung des Putsches gesorgt hatte – auszuschalten waren, darüber gingen die Meinungen auseinander, auch darüber, ob Hitler getötet werden oder durch neue Regierungsmitglieder wirklich fest »eingerahmt« und »eingebunden« werden sollte. Eine Chance für die Möglichkeit des Gelingens eines Putsches wurde darin gesehen, daß sich unter engen Mitarbeitern Hitlers, von denen jeder der engste sein und die größte Machtfülle haben wollte – vor allem zwischen Göring, Goebbels und Himmler –, zunehmend Spannungen herausgebildet hatten.

In der SA, unter ihren Führern und in breiten Kreisen der

Mannschaft, war eine wachsende Mißstimmung entstanden, weil die Revolution nicht so, wie erwartet, voranschritt und bei der Besetzung von Ämtern SA-Führer und SA-Leute sich gegenüber den Mitgliedern der politischen Organisationen der Partei, der PO und anderer Gliederungen der Partei zurückgesetzt fühlten. Im Kreise der SA-Führer wurde dieser Mißstimmung offen Ausdruck gegeben und Röhm zum Vorgehen gegen die Regierung aufgefordert.

Sein Adjutant, Hans Erwin Graf Spreti, war gut bekannt mit Wilhelm von Ketteler, einem Freund der Familie von Papen. Ketteler wieder stand in enger Verbindung mit Fritz Günther von Tschirschky, dem persönlichen Referenten von Papens. Tschirschky sowie Hans Graf von Kageneck, der Leiter der Pressestelle des Vizekanzlers, und sein Mitarbeiter, der Gerichtsreferendar Kurt Josten, hatten zusammen mit dem Publizisten Edgar J. Jung – dessen Buch »Die Herrschaft der Minderwertigen« einiges Aufsehen erregt hatte und der für von Papen dessen Reden schrieb – von Papen zu einem entschiedeneren Auftreten gegen Hitler bewegen wollen.

Es gelang ihnen, von Papen dazu zu bestimmen, auf einer Jahresversammlung des Marburger Universitätsbundes am 17. Juni 1934 eine von Jung verfaßte Rede vortragen zu lassen, die offen Kritik am Nationalsozialismus vorbrachte. Sie sollte nach den Vorstellungen Jungs und seiner Freunde wie »eine schonungslose Abrechnung mit dem Nationalsozialismus« wirken. Als von Papen den Text las, wollte er ihn noch abändern. Aber seine Mitarbeiter hatten sie bereits zwei Tage vorher drucken und am Tage zuvor in mehreren Tausend Exemplaren versandt, weil sie befürchteten, daß Goebbels ihre Veröffentlichung verbieten würde. Sie konnten deshalb von Papen erklären, daß eine Änderung des Textes jetzt nicht mehr möglich sei.

So begann von Papen dann seine Rede mit der Einleitung, daß es seine Pflicht sei, »Rechenschaft der Wahrhaftigkeit vor dem deutschen Volk abzulegen«. Er verlas sie weiter, wie Jung sie geschrieben hatte. An eine Kritik der Fehler der früheren Politik schloß sich eine Warnung vor neuen Fehlentwicklungen an und eine Absage an jeden staatlichen Totalitarismus. Es folgten harte Worte gegen Einschränkung der Pressefreiheit, gegen antichristliches Vorgehen und gegen das Entstehen eines »Standes« – gemeint die Partei –, der »sich des Staates bemächtigt und für sich den Totalitätsanspruch erhebt«. Weiter hieß es: »Es hat keinen Zweck, vor sich selbst zu verbergen, daß eine gewisse Kluft zwischen dem geistigen Wollen und der täglichen Praxis der Revolution sich aufgetan hat.« Und: »Mit ewiger Dynamik kann nicht gestaltet werden. Deutschland darf nicht ein Zug ins Blaue werden, von dem niemand weiß, wann er zum Halten kommt.«

Die Rede erweckte bei vielen noch nicht zum Nationalsozialismus Übergegangenen Hoffnung, daß es eine neue Wende in der politischen Entwicklung geben könnte. Jung und seine Freunde glaubten, von Papen nun bei ihrem weiteren Vorgehen als Gallionsfigur gewonnen zu haben, um ihm nach dem geplanten Putsch eine führende Rolle in der Regierung übertragen zu können. Sie wurden bald enttäuscht. Als von Papen am 18. Juni 1934 mitgeteilt wurde, daß Goebbels die Verbreitung des Textes verboten hatte und daß mehrere Personen, die seine Rede weitergegeben hatten, auf Veranlassung von Goebbels verhaftet worden waren, protestierte er zwar heftig bei Hitler. Er drohte mit seiner Demission und erklärte, daß er zu Hindenburg fahren und ihn über den Vorgang unterrichten würde. Doch diese Reise trat er nicht an. In den Tagen danach war er zu einem Stapellauf in Kiel und zum Derby in Hamburg. Beide

Male erhielt er, als er erschien, ungewöhnlich starke Ovationen. Das zeigte, wie die Marburger Rede in breiten Kreisen gewirkt hatte.

Am 25. Juni 1934 wurde Jung verhaftet, mit ihm sein Mitarbeiter Dr. Franz Mariaux und seine Sekretärin, Frau Fresmann. Jetzt entschloß sich von Papen, nach Neudeck zu Hindenburg zu fahren. Aber als er telefonisch einen Termin vereinbaren wollte, erfuhr er, daß der Gesundheitszustand des Reichspräsidenten den Empfang eines Besuchers nicht erlaubte. Für die Besprechung mit Hindenburg hatte von Bose ein Dossier ausgearbeitet, in dem nicht nur die jüngsten Vorgänge dargestellt, sondern auch auf den beabsichtigten Putsch hingewiesen wurde. Da die Reise abgesagt wurde, wurde das Dossier nicht mehr von Papen ausgehändigt. Er hatte also keine Ahnung davon, was seine Mitarbeiter geplant hatten.

Auch in der Leitung des Stahlhelm wußte nur ein kleiner Kreis, der seine Verbindungsstelle bei Walter Hammesfahr, dem Leiter der Pressestelle, hatte, um die Putschpläne. Die Einstellung in der Stahlhelmführung war gespalten. Der Erste Bundesführer, Franz Seldte, war schon vor der Regierungsübernahme ein überzeugter Gefolgsmann Hitlers geworden und fühlte sich nach dem Eintritt in die Regierung mit dem Amt des Arbeitsministers noch enger an ihn gebunden. Er hatte zwar mehrfach Anlaß zu Ärger und Beschwerden über seine nationalsozialistischen Kollegen und vor allem darüber gehabt, daß ihm – offensichtlich nicht zu seinem Schutz, sondern zu seiner Kontrolle – eine SS-Wache in sein Vorzimmer gesetzt worden war. Doch seine Ergebenheit zu Hitler war dadurch nicht gemindert worden.

Der Zweite Bundesführer, Theodor Duesterberg, war dagegen äußerst kritisch gegenüber Hitler und dem Nationalsozialismus eingestellt. Zum offenen Bruch zwischen ihm und Seldte war es bei der Regierungsbildung am 30. Januar 1933 gekommen. Duesterberg sollte Arbeitsminister werden; die Ernennungsurkunde war für ihn bereits ausgestellt. Sie wurde zunächst auch nicht zurückgenommen, als Duesterberg darauf hinwies, daß von seinen vier Großelternteilen einer ein Jude, ein Rabbiner, war. Doch dann erschien Seldte und setzte durch, daß er an Stelle Duesterbergs in die Regierung aufgenommen wurde.

Beide, Seldte wie Duesterberg, hatten ihre Anhänger in der Stahlhelmführung, die sich genauso wie die beiden Bundesführer mit unterschiedlichen Auffassungen gegenüberstanden. Diese Spaltung ging durch die ganze Organisation bis zu den Ortsgruppen und auch durch die Jugendorganisation, den »Jung-Stahlhelm«. Im Juni 1933 war Duesterberg aus seiner Stellung entfernt worden. Aber er hatte in der Stahlhelmführung wie in der Mitgliederschaft noch weiter seine Anhänger, die mit dem Ausschluß Duesterbergs sich von Seldte schärfer als zuvor abgekehrt hatten und auf einen Umschwung hofften.

Aus dem Stabsamt der SA nahmen der Chef dieses Amtes, Generalleutnant a.D. Alexander von Falkenhausen, und sein engster Mitarbeiter, Rittmeister a.D. Georg von Detten, mit dem Stahlhelmkreis Verbindung auf, der Putschpläne hegte. In gemeinsamen Besprechungen wurden die Grundzüge eines Aktionsplanes besprochen, dessen Hauptbestandteil ein aktives Vorgehen der SA mit der Besetzung aller wichtigen Regierungs- und Verwaltungsstellen sein sollte.

Es war besprochen worden, daß ein geeigneter Termin der 30. Juni 1934 mit dem Schlußappell der SA vor den Sommerferien sein würde. Am 7. Juni begab sich Röhm zu einer Kur in das Bad Wiessee. Dort beschloß er am 23. Juni, die Aktion auf Anfang August zu verschieben. Die Mitteilung darüber erreichte aber nicht alle an dem Putschplan Beteiligten oder wurde von einigen SA-Führern nicht richtig gewertet. So kam es, daß einigen SA-Einheiten für den 30. Juni 1934 Alarmbereitschaft befohlen wurde.

Inzwischen aber hatten die Gestapo und der militärische Nachrichtendienst Informationen erhalten, daß Putschpläne mit einer Aktion der SA bestanden. Genaueres wußte man weder bei der Gestapo noch beim militärischen Nachrichtendienst. Man konnte auch nichts Genaues wissen, weil die Pläne noch keine konkrete Gestalt angenommen hatten. Das, was der Nachrichtendienst meldete, veranlaßte die Reichswehrführung, am 29. Juni 1934 einige Sicherheitsmaßnahmen anzuordnen.

Für Göring, Himmler und Heydrich – untereinander Konkurrenten, aber vereint in der Bekämpfung ihrer Gegner – genügten die Informationen, die sie erhielten, um von Hitler sich die Genehmigung zu einer durchgreifenden Gegenaktion geben zu lassen, mit der sie nicht nur Röhm, sondern alle Personen beseitigen wollten, von denen sie einen Widerstand gegen die Fortsetzung der nationalsozialistischen Politik – und gegen die Stärkung ihrer eigenen Machtstellung – befürchten konnten. Schon seit Monaten waren von ihnen Listen mit solchen mißliebigen oder gefährlichen Personen aufgestellt worden. Sie warteten nur auf einen geeigneten Anlaß, um sie liquidieren zu können – ähnlich wie der Reichstagsbrand zum Vorgehen gegen die Kommunisten benutzt wurde.

So wurde der 30. Juni 1934 nicht ein Tag des Schlages gegen die nationalsozialistische Regierung, sondern der Tag, an dem die Männer, die von dieser Regierung eine Änderung ihres Kurses vielleicht noch hätten erwirken können, ermordet wurden. Es wurden nicht nur Röhm und seine engsten Gefährten getötet. Gregor Strasser, dessen Name als Gegenspieler Hitlers immer noch Geltung hatte, von Schleicher, dem ein größerer Einfluß in der Reichswehr zugeschrieben wurde, als er ihn wohl wirklich hatte, und Erich Klausner, einer der führenden Köpfe der Katholischen Aktion, waren die herausragenden Opfer des 30. Juni 1934. Im Büro von Papens wurde von Bose erschossen, er selbst gefangengesetzt und mißhandelt. Jung wurde am 1. Juli 1934 erschossen. Einige Tage später von Falkenhausen und von Detten, nachdem sie gefoltert worden waren. Ihnen konnte nichts nachgewiesen werden. Der Stellvertreter des Führers, Rudolf Heß, stattete den Witwen einen Beileidsbesuch ab und erklärte ihnen, daß gegen die Toten nichts Ehrenrühriges vorgelegen habe, ihr Tod aber »staatspolitisch notwendig« gewesen sei. Die Zahl der am 30. Juni 1934 und an den folgenden Tagen Ermordeten wurde offiziell mit 77 angegeben. Sicherlich waren es mehr, wohl über einhundertfünfzig, vielleicht sogar zweihundert.

Erschüttert waren viele über dieses ruchlose Vorgehen der Nationalsozialisten. Andere aber nahmen es ruhig hin, weil sie darin einen Abschluß der Revolution sahen. In der Reichswehrführung waren einige empört, vor allem darüber, daß einer ihrer Generale ermordet worden war. In ihrer Mehrheit aber war die Reichswehrführung darüber froh, daß die SA als Machtfaktor ausgeschaltet war. Hitler konnte vor den Reichstag treten und am 13. Juli 1934 eine Rechtfertigungsrede halten, ohne befürchten zu müssen, daß jemand dagegen auftreten würde. Wer vordem noch als Gegenspieler gegen ihn hätte gelten können, war liquidiert worden.

Am Leben gelassen wurde von Papen, weil es nicht zu übersehen war, welche Folge seine Ermordung beim Reichspräsidenten ausgelöst hätte, der von Papen zugetraut hatte, daß er Hitler in Schranken halten könnte. Doch Hindenburg war bereits ein todkranker Mann, und von Papen, gedemütigt wie er war, wußte nichts anderes zu tun, als sein Ausscheiden aus der Regierung hinzunehmen. Die Träger des Putschgedankens im Büro von Papens und in der Stahlhelmführung, die dem Tode entgangen waren, sahen keine Möglichkeit mehr, einen aktiven Widerstand gegen Hitler zu organisieren.

Der Glaube an den Führer

Nur der Glaube aller stärkt den Glauben.
Wo Tausende anbeten und verehren,
Da wird die Glut zur Flamme ...

Schiller

Durch die Ermordung Röhms und die Ausschaltung der SA gewann Hitler in der Führung der Reichswehr vermehrt Anhänger. Der Reichswehrminister von Blomberg – von dem Hindenburg erwartet hatte, daß er zusammen mit von Papen Hitler unter seiner Kontrolle halten würde – war sein getreuer Gefolgsmann geworden. Andere Generäle und hohe Offiziere, die ihm zunächst kritisch und ablehnend gegenübergestanden hatten, änderten nach dem 30. Juni 1934 ihre Einstellung, weil sie sahen, daß Hitler die Stellung der Reichswehr im Staate stärkte und die von ihnen für notwendig gehaltene Verstärkung der Rüstung vorantrieb.

Die Reichswehrführung hatte ursprünglich verlangt, daß sowohl SA wie SS ihre Waffen ablegen und ihren militärischen Charakter aufgeben sollten. Ihr Blick war aber in erster Linie auf die SA mit ihrer Massenorganisation gerichtet. Einige Offiziere hatten allerdings auch darauf hingewiesen, daß die SS stärker bewaffnet wurde. Die am 17. März 1933 als SS-Sonderkommando unter Sepp Dietrich gebildete »Leibstandarte Adolf Hitler« war die am stärksten militärisch ausgerüstete Formation der NSDAP. Doch nach der Ausschaltung der SA als Machtfaktor und der Beseitigung der Gefahr, daß sie eine vollwertige militärische Organisation neben der Armee werden könnte, wurde die jetzt schnell wachsende Bedeutung der SS nicht beachtet und widerspruchslos hingenommen.

Die SS war bis zum 30. Juni 1934 eine zur SA gehörende, formal bis zu diesem Tage der obersten SA-Führung unterstellte Organisation. Sie wurde jetzt eine selbständige Organisation. Ihr Führer, der »Reichsführer SS«, Heinrich Himmler, verstand es, seine neu gewonnene Machtstellung schnell und immer weiter auszubauen. Mit der wachsenden Bedeutung der SS wuchs das Ansehen der SS-Männer und -Führer. Das bewog viele intelligente und tatkräftige Männer, die ein Betätigungsfeld suchten, zum Eintritt in diese Organisation. Der Andrang zur Mitgliedschaft ließ die SS-Führung einen hohen Maßstab bei der Auswahl der Bewerber anlegen. Es wurden gute Körpereigenschaften, überdurchschnittliche Intelligenz und auch gewisse moralische Eigenschaften, vor allem Dienstbereitschaft und Unbestechlichkeit, verlangt.

Seit Mitte Juni 1934 etwa war Hindenburg so schwer erkrankt, daß er sein Amt als Reichspräsident nicht mehr wahrnehmen konnte. Als nach den Aussagen der Ärzte sein Tod unmittelbar bevorstand, beschloß die Reichsregierung am 1. August 1934 ein »Gesetz über das Staatsoberhaupt des Deutschen Reiches«, das »mit Wirkung von dem Zeitpunkt des Ablebens des Reichspräsidenten von Hindenburg in Kraft« treten würde. Es bestimmte: »Das Amt des Reichspräsidenten wird mit dem des Reichskanzlers vereinigt. Infolgedessen gehen die bisherigen Befugnisse des Reichspräsidenten auf den Führer und Reichskanzler Adolf Hitler über. Er bestimmt seinen Stellvertreter.«

Am Tage darauf, am 2. August, starb Hindenburg. Zu den Befugnissen des Reichspräsidenten gehörte der Oberbefehl über die Wehrmacht. Deshalb ließ Hitler sofort die Reichswehr auf sich als dem Oberbefehlshaber vereidigen, mit einer neuen, seinen Namen einbeziehenden Eidesformel. Die Soldaten schworen nicht mehr, wie zur Weimarer Zeit, »Treue der Reichsverfassung« und Schutz der »gesetzmäßigen Einrichtungen«, sondern jetzt hieß es: »Ich schwöre bei Gott diesen heiligen Eid, daß ich dem Führer des Deutschen Reiches und Volkes, Adolf Hitler, dem Oberbefehlshaber der Wehrmacht, unbedingten Gehorsam leisten und als tapferer Soldat bereit sein will, jederzeit für diesen Eid mein Leben einzusetzen.«

Hitler ließ Hindenburg im Ehrenmal der Schlacht von Tannenberg beisetzen. Das Staatsbegräbnis bot einen würdigen Rahmen, den Hitler dazu benutzte, sich wieder – ganz ähnlich wie am »Tag von Potsdam« – als traditionsbewußter Staatsmann darzustellen. Er verfehlte diese Absicht nicht und konnte mit seinem Auftreten die deutsche Bevölkerung und auch das Ausland beeindrucken.

Am 19. August 1934 ließ sich Hitler durch eine Volksabstimmung das »Gesetz über das Staatsoberhaupt des Deutschen Reiches« bestätigen. Die Abstimmung brachte 89,9 Prozent Ja-Stimmen. Das war ein stattliches Ergebnis. Es lag aber um fünf Prozent niedriger als das Ergebnis der Volksabstimmung vom 12. November 1933, mit der Hitler sich eine Zustimmungserklärung zu seiner Politik des Austritts aus dem Völkerbund, verbunden mit einer Zustimmung zur Gesamtheit seiner Politik, hatte geben lassen.

Es ist viel darüber diskutiert und gerätselt worden, wieweit die Abstimmungen unter der Herrschaft der Nationalsozialisten manipuliert oder unter einem psychischen Druck zustande gekommen sind. Genauere Feststellungen darüber liegen nicht vor und sind auch nicht möglich. Sicherlich hat der eine oder andere Staatsbürger Angst gehabt, daß vielleicht festgestellt werden könnte, wie er abgestimmt hat, und hat deshalb seine Stimme so abgegeben, wie die

Nationalsozialisten es wünschten. In manchen Wahllokalen haben wohl auch eifrige Parteifunktionäre beim Zählen dafür gesorgt, daß ein hoher – möglichst ein neunundneunzig-, wenn nicht hundertprozentiger – Anteil von Ja-Stimmen erreicht wurde. Nach allem, was unbefangene Wähler und Beobachter gesehen haben, sind jedoch in weitaus der Mehrzahl der Wahllokale die Wahlen korrekt durchgeführt worden. Der Wähler kreuzte die Stimmzettel in geschlossenen Kabinen an, und es wurde unter Anwesenheit von Zeugen korrekt gezählt.

Die für Hitler und seine Politik abgegebenen Stimmen sind wohl etwas nach oben korrigiert worden; sie wären aber auch ohne solche Korrekturen sehr hoch gewesen. Dazu trug – neben der ohnehin sehr hoch gestiegenen Zahl seiner Anhänger – die geschickte Fragestellung bei. Wer wollte im November 1933 der Außenpolitik Hitlers, die ihre ersten Erfolge zu zeitigen begann, entgegentreten? Es waren dann im August 1934 nicht ganz so viele, die mit der Vereinigung des Amtes des Reichspräsidenten und des Reichskanzlers in der Person des »Führers« einverstanden waren. An einzelnen Orten waren es fünfundzwanzig Prozent der Wähler und mehr, die – wahrscheinlich unter dem Einfluß nicht vom Nationalsozialismus erfaßter katholischer Priester – mit »Nein« stimmten. Aber sehr viele hießen aus einer Einstellung, zu der sie von selbst oder unter der Einwirkung der nationalsozialistischen Propaganda gekommen waren, diese Ämtervereinigung für richtig und fühlten das Bedürfnis, dem Führer ihre Zustimmung auszudrücken.

Hitler hatte mit der Ämtervereinigung, der Vereidigung der Reichswehr auf seine Person, der Beseitigung aller politischen und gesellschaftlichen Organisationen – den Parteien, Gewerkschaften, wirtschaftlichen und kulturellen Verbänden – und dem Tod aller Personen, um die sich Oppositionelle sammeln konnten, eine Machtstellung erlangt, in der er keine Gegner mehr zu befürchten brauchte. Auf dem Parteitag im Herbst 1934 in Nürnberg konnte er erklären: »Die nationalsozialistische Revolution ist als revolutionärer, machtmäßiger Vorgang abgeschlossen! Sie hat als Revolution restlos erfüllt, was von ihr erhofft werden konnte ... Der Wille der nationalsozialistischen Staatsführung ist ein unbeirrbarer und ein unerschütterlicher ... Die deutsche Lebensform aber ist damit für das nächste Jahrtausend endgültig bestimmt ... In den nächsten tausend Jahren findet keine Revolution mehr statt.«

Doch die »Revolution« als eine »Umformung« der Menschen zu der Lebensform, die Hitler als endgültig bestimmt erklärt hatte, in Wirklichkeit aber noch erreichen wollte, begann jetzt erst richtig – die Umgestaltung der deutschen Menschen, vor allem der Jugend, nach den Vorstellungen der Nationalsozialisten, ihre immer engere Bindung an den Führer zu bedingungslos folgenden Gefolgsleuten, die bereit waren, ja, sich dazu drängten, nach den Worten des Liedes zu handeln: »Führer befiehl, wir folgen Dir.«

Zwei Vorgänge waren es, mit denen Hitler diesem Ziel nahe kam, es bei einem großen Teil der Bevölkerung und gerade, wie er es angestrebt hatte, bei der Jugend erreichte. Einmal erzielte er mit seinem Vorgehen große Erfolge in der Wirtschaftspolitik und in der Außenpolitik, wie sie seine Gegner nicht für möglich gehalten hatten und die selbst die Erwartungen seiner Anhänger übertrafen. Zum anderen brachten er und seine Helfershelfer es fertig, eindringlich mit ihrer Propaganda auf die Bevölkerung einzuwirken und alle ihr entgegenstehenden Einwirkungen, sowohl im Inland wie aus dem Ausland, nahezu vollständig auszuschalten.

Erfolge konnte Hitler bald aufweisen. In der Wirtschaft

trat unmittelbar nach der Übernahme der Regierung ein Stimmungsumschwung ein, dem nach kurzer Zeit ein sichtbarer Aufschwung folgte. In der Landwirtschaft hörten sofort die Zwangsversteigerungen von Bauernhöfen auf, die in den vorausgegangenen Jahren einen erschreckenden Umfang erreicht und zu Unruhen geführt hatten. Auch in der gewerblichen Wirtschaft und im Handel war die Konkurswelle gebrochen, die Hunderttausende von kleinen und mittleren Unternehmen um ihre Existenz gebracht hatte und mit dem Zusammenbruch von Großunternehmen die Arbeitslosigkeit so stark hatte ansteigen lassen.

Fritz Reinhardt, der Steuerfachmann der NSDAP, der seit 1930 dem Reichstag angehört hatte, wurde am 1. April 1933 Staatssekretär im Reichsfinanzministerium. Nach einem Plan, den er schon vorher ausgearbeitet hatte, begünstigte er durch Ausgabe von Steuergutscheinen und Steuervergünstigungen die Reparatur von Wohnhäusern und Fabriken sowie die Anschaffung von Maschinen. Am 17. März 1933 trat Hjalmar Schacht an die Spitze der Reichsbank. Er stellte die Mittel für die Finanzierung des »Reinhard-Planes« zur Verfügung. Durch verstärkten Einsatz der bereits unter der Regierung Papen geschaffenen »Oeffa-Wechsel« – so genannt nach dem für diesen Zweck geschaffenen Kreditinstitut »Deutsche Gesellschaft für öffentliche Arbeiten AG« – ermöglichte er die Finanzierung des Baus von Autobahnen und anderer öffentlicher Arbeiten.

Hierdurch konnten schon im Jahre 1933 eine Million neuer Arbeitsplätze geschaffen und die Arbeitslosigkeit entsprechend vermindert werden. Im Laufe des Jahres 1934 wurden weitere zwei Millionen Arbeitsplätze geschaffen. Die Arbeitslosigkeit war damit gegenüber ihrem Stand von 1932 halbiert. Als dann von 1935 an der wirtschaftliche Aufschwung sich von selbst trug und sich weiter steigerte, dazu dann noch die Rüstung verstärkt wurde, war die Arbeitslosigkeit etwa von 1937 an völlig überwunden; an ihre Stelle trat ein wachsender Mangel an Arbeitskräften. Für die Finanzierung der Aufrüstung wurde, wie zuvor für die Arbeitsbeschaffung, ein besonderes Finanzierungsinstrument verwendet: die »Mefo-Wechsel«, so benannt nach der hierfür als Kreditinstitut gegründeten »Metallurgischen Forschungsanstalt GmbH«.

Mit der allgemeinen Belebung der Wirtschaft wuchsen in fast allen Unternehmen, den großen wie den mittleren und kleinen, die Gewinne. Deutlich verbesserten sich die Lebensbedingungen in der Arbeiterschaft; nicht nur für die Arbeitnehmer, die nach jahrelanger Arbeitslosigkeit wieder einen Arbeitsplatz mit Lohn und Gehalt erhielten. Auch für diejenigen, die schon in Arbeit standen, erhöhten sich die Einkommen. Zwar blieben die Tarifsätze nahezu unverändert. Aber durch außertarifliche Zuschläge stiegen die Einkünfte der Arbeiter im Laufe des Jahres 1933 um mehr als sechs Prozent, 1934 weiter um neun Prozent; danach nicht mehr ganz so stark: 1935, 1936 und 1937 jedes Jahr um weitere vier Prozent.

Durch das »Gesetz zur Ordnung der nationalen Arbeit« vom 20. Januar 1934 wurde den Arbeitern das Streikrecht genommen und in den Betrieben das »Führerprinzip« eingeführt. Das bedeutete die Abschaffung der Betriebsräte, an deren Stelle jetzt »Vertrauensmänner« traten. Danach konnte der Unternehmer sich aber schwerlich als »Herr im Hause« ansehen. Denn seine Macht war stärker als zuvor eingeengt. Der »Treuhänder der Arbeit«, der gleichzeitig geschaffen wurde, konnte jederzeit in jedem Betrieb eingreifen. Er hatte die Macht des Staates hinter sich und stand unter dem Einfluß der Partei. Unternehmerinitiative und Markt blieben erhalten, waren aber den Lenkungsabsichten des Staates und der Partei unterworfen. Hier wurde eine neue Wirtschaftsform, eine neuartige Verbindung von Kapitalismus und Sozialismus herbeigeführt.

Die Unternehmerschaft fand zwar vieles an dieser Wirtschaftsform auszusetzen. Aber sie nahm sie hin, weil ihre Gewinne stetig wuchsen. Und sie fand sich auch damit ab, daß sie in der Verwendung ihrer Gewinne Einschränkungen und Lenkungsmaßnahmen unterworfen wurde. Sie war auch dazu bereit, die Weisungen der Arbeitsfront über Verbesserungen der betrieblichen Sozialmaßnahmen, Ausbau des Arbeitsschutzes, bessere Ausgestaltung der Arbeitsplätze bis zur Verschönerung der Betriebsstätten und anderes mehr auszuführen, da die steigenden Erträge dafür einen ausreichenden Finanzierungsspielraum schufen.

Die Abschaffung des Streikrechts wurde von breiten Kreisen der Arbeiterschaft überhaupt nicht beachtet. Die Ablösung der Betriebsräte durch Vertrauensmänner wurde meist begrüßt, zumal die Vertrauensmänner – die nach einer Liste gewählt wurden, die vom Führer des Betriebes im Einvernehmen mit dem Obmann der Nationalsozialistischen Betriebszellen-Organisation (NSBO) aufgestellt wurde – zusammen mit der Leitung des Betriebes einen »Vertrauensrat« bildeten, der in der überwiegenden Mehrheit der Betriebe eine weit wirkungsvollere und engere Zusammenarbeit zwischen den Arbeitgebern und Arbeitnehmern herstellte, als sie vordem bestanden hatte. In sehr vielen Betrieben entstand wirklich etwas, das eine »Betriebsgemeinschaft« darstellte. Mit den Verbesserungen der sozialen Einrichtungen und der Arbeitsplatzgestaltung erhielten die Arbeitnehmer in weitem Umfang das, was die Gewerkschaften angestrebt und versprochen, aber nicht gebracht hatten.

Hitler, der selbst leidenschaftlich gern Auto fuhr, als ein »Autonarr« bezeichnet werden konnte, sah in dem verbreiteten Besitz von Kraftfahrzeugen unter der Arbeiterschaft der Vereinigten Staaten einen der deutlichsten Ausdrücke des Wohlstandes dieses Landes. In einer Rede zur Eröffnung der Berliner Automobilausstellung 1934 sagte er, es bereite ihm »ein bitteres Gefühl, von vornherein Millionen braver, fleißiger und tüchtiger Mitmenschen, denen das Leben ohnehin nur begrenzte Möglichkeiten einräumt, von der Benutzung eines Verkehrsmittels ausgeschlossen zu wissen, das ihnen vor allem an Sonn- und Feiertagen zur Quelle eines bisher unbekannten, freudigen Glückes würde«.

Das war eine Botschaft an die deutschen Arbeiter, daß Hitler ihnen in absehbarer Zeit den Besitz eines Autos verschaffen würde – ein Besitz, von dem sie bis dahin nicht zu träumen wagten. Ein Auto bedeutete Freiheit, Ungebundenheit, die Möglichkeit, an freien Tagen und im Urlaub aus der Enge der Großstädte hinauszufahren aufs Land, an die See, in die Berge, wohin man immer wollte. Der Besitz eines Autos war damals, als es erst wenige Autobesitzer gab, der Ausdruck der Zugehörigkeit zu den sehr gut Verdienenden, den »Oberen«. Der Arbeiter würde ihnen, wenn sich die Verheißung Hitlers erfüllte, gleichgestellt sein. Man erfuhr, daß die Industrie einen »Volkswagen« bauen würde, der nicht mehr als zweitausend Mark kosten sollte, also für den Arbeiter durchaus erschwinglich sein würde, wenn seine Einkünfte sich weiter verbessern würden; was nach dem Verlauf der ersten Jahre durchaus wahrscheinlich war.

Robert Ley schuf mit seiner Arbeitsfront die Organisation »Kraft durch Freude« für die Freizeitgestaltung. Sie gab dem Arbeiter Erholungs- und Vergnügungsmöglichkeiten, wie sie bisher nur die »Reichen« genossen hatten. Jetzt kam der Arbeiter in die gleichen Genüsse. Sie hatten zwar einen

Massencharakter, auf den damals die Intellektuellen verächtlich schauten. Aber die meisten, die an den Veranstaltungen von »Kraft durch Freude« teilnahmen, fanden damals schon an dem Aufgehen in den Massen ihren Gefallen.

Entscheidend in dem Bewußtsein der Arbeiter war, daß der Unterschied in den Lebensformen und der Freizeitgestaltung zu den Besser-Verdienenden immer geringer wurde, die Klassenschranken abgebaut wurden. Das wiederum hatte seine Rückwirkungen im Arbeitsleben, in den Betrieben, in denen es die Betriebsgemeinschaft förderte. Hierdurch wurde die Arbeitsfreude gehoben und die Arbeitsleistung verbessert.

Unterschiedlich wurde die Einführung der Arbeitsdienstpflicht beurteilt. In den zwanziger Jahren hatte sich aus der Jugendbewegung ein »freiwilliger Arbeitsdienst« entwikkelt. Seit 1924 zogen die »Artamanen« aufs Land, um auf Gütern und in Bauernhöfen, wo es an Arbeitskräften mangelte – nachdem nicht mehr so viele polnische Wanderarbeiter, »Schnitter« genannt, wie vor dem Ersten Weltkriege nach Deutschland kamen –, bei der Feldbestellung und vor allem in der Erntezeit zu helfen. Andere Bünde der Jugendbewegung folgten diesem Beispiel.

Die Regierung Brüning hatte aufgrund der Empfehlung einer Gutachterkommission durch eine Notverordnung vom 5. Juni 1931 die staatliche Förderung des Arbeitsdienstes beschlossen. Hitler hatte schon, bevor er zur Regierung kam, dem Arbeitsdienst eine große Bedeutung zugemessen. Im Juni 1932 ernannte er einen seiner Spitzenmänner, den Reichsorganisationsleiter II, Oberst a. D. Konstantin Hierl, einen früheren Generalstabsoffizier, zum »Beauftragten für den Arbeitsdienst«. Im Herbst 1932 trat die erste »Stammabteilung« des Arbeitsdienstes der NSDAP an, und eine »Führerschule« für den Arbeitsdienst der NSDAP begann ihre

Arbeit. Nach der Regierungsübernahme verstärkte Hitler die Förderung des freiwilligen Arbeitsdienstes. Arbeitsminister Seldte wurde zum »Reichskommissar für den Arbeitsdienst« ernannt. Ihm wurde Hierl zur Seite gestellt, der als Staatssekretär in das Arbeitsministerium eintrat. Im Jahre 1934 löste Hierl Minister Seldte als Reichskommissar für den Arbeitsdienst ab und bereitete die Umwandlung des freiwilligen Arbeitsdienstes in einen die gesamte männliche und weibliche Jugend erfassenden Arbeitsdienst vor. Mit dem Gesetz vom 25. Juni 1935 wurde der »Reichsarbeitsdienst (RAD)« eingeführt, mit einer Dienstpflicht von einem halben Jahr. Hierl trat als »Reichsarbeitsdienst-Führer« an seine Spitze.

Die jungen Männer leisteten jahrgangsweise diesen Dienst in militärisch gegliederten und geführten Abteilungen. Sie wurden in der Hauptsache für Arbeiten eingesetzt, die wirtschaftlich nicht rentabel, aber volkswirtschaftlich nützlich waren, wie die Urbarmachung von Ödland in moorigem oder gebirgigem Gelände. Die Mädchen wurden vorwiegend als soziale Arbeitshilfen eingesetzt.

Die Einberufung zum Arbeitsdienst kam den meisten ungelegen; und wer von ihnen eine Möglichkeit fand, sie zu umgehen, der nutzte sie. Denn der Arbeitsdienst kostete ein halbes Jahr – hinter dem die jungen Männer den Militärdienst abzuleisten hatten –, das für die Berufslaufbahn ausfiel. Für viele war die körperliche Arbeit eine harte Strapaze. Einige litten auch unter dem engen Zusammensein mit vielen anderen in primitiven Unterkünften.

Nach dem Eintritt in den Dienst gewöhnten sich aber die meisten bald an das Leben und Arbeiten in der Gemeinschaft und fanden Gefallen daran. Es entwickelten sich enge Kameradschaften, genau so wie beim Militär, ganz gleich, aus welchen Familien sie kamen, wie unterschiedlich auch ihre Vorbildung war. Der Arbeitsdienst trug viel zur Überwindung von Unterschieden und Gegensätzen der verschiedenen Einkommensschichten und zur Bildung einer »Volksgemeinschaft« bei.

Die Nationalsozialisten sorgten dafür, daß im Arbeitsdienst wirkungsvoll für nationalsozialistisches Denken und Handeln geworben wurde, soweit die ersten einrückenden Arbeitsdienstmänner noch nicht nationalsozialistisch eingestellt waren. Und als die nachrückenden Jahrgänge schon durch die Hitlerjugend nationalsozialistisch ausgerichtet waren, wurde diese Ausrichtung während des Arbeitsdienstes vertieft und verstärkt.

Außer dem Arbeitsdienst gab es noch das »Landjahr«. Ein preußisches Gesetz vom 29. März 1934 bestimmte, daß alle Kinder nach der Erfüllung der gesetzlichen Schulpflicht ein »Landjahr« zu leisten hatten. Während dieses Jahres wurden sie in »Landjahrlagern« oder in Gruppen auf Gütern und auf größeren Bauernhöfen untergebracht. Dort wurden sie unter Leitung von Landjahrführern und Landjahrerziehern, die sich auch um ihre schulische Weiterbildung bekümmerten, zur Landarbeit zusammen mit der Landbevölkerung herangezogen.

Das offen verkündete Ziel des Landjahres war es, eine engere Verbindung der städtischen Jugend mit dem »Lande«, mit Heimat und Volkstum herzustellen, sie den völkischen Wert gesunden Bauerntums erkennen zu lassen. Es waren zum weitaus größten Teil Idealisten, die sich als Landvolkführer und -erzieher zur Verfügung stellten. Da sie unter den Nationalsozialisten für ihre Ideale wirken konnten, wurden sie zu Nationalsozialisten und warben unter den jungen Menschen, die ihnen anvertraut waren, zugleich für den Nationalsozialismus, machten sie zu Nationalsozialisten.

Diese geschickte Verbindung der Förderung und des Eintretens für gute Zwecke und ideale Ziele mit der Werbung für den Nationalsozialismus brachte Hitler die meisten Erfolge zur Gewinnung der Bevölkerung für seine Politik. Sie ließ den Glauben wachsen und verfestigen, daß er ein Staatsmann war, der ein neues Deutschland schaffen würde, in dem immer mehr Gutes vollbracht, Ideale – die vordem weniger beachtet oder gar mißachtet worden waren – jetzt die Leitlinien der Politik bildeten und ihre Ziele zur Verwirklichung gebracht würden.

Turnen und Sport wurden ganz anders als vordem in der Schule und außerhalb der Schule gefördert. Viele Leiter von Turn- und Sportvereinen wurden durch die Förderung, die jetzt die Leibesübungen erhielten, für den Nationalsozialismus gewonnen und wurden zu Werbern für den Nationalsozialismus unter ihren Vereinsmitgliedern. Wer dieser Entwicklung skeptisch gegenüberstand und, wie manch älterer Turnbruder, in den Formen des Vereinslebens, wie es sich im Nationalsozialismus gestaltete, eine Abkehr von den alten Idealen des Turnertums spürte, der galt als ein Querkopf, der sich aus Eigenwilligkeit nicht der Gemeinschaft anschließen wollte.

Ihren stärksten, wirkungsvollsten – und, was niemand wahrhaben wollte und was nur wenige ahnen konnten, am Ende verhängnisvollen – Erfolg hatte die Verbindung idealer Zielsetzungen mit dem Nationalsozialismus und der Einordnung in der Gefolgschaft des Führers Adolf Hitler in der Hitlerjugend. Sie übernahm Geist und Formen der Jugendbewegung, um sie, nachdem sie die jungen Menschen in ihrer Organisation erfaßt hatte, umzuformen und mit anderem Geist zu erfüllen. Die Gemeinschaft mit den Fahrten über Land und der Lagerfeuer-Romantik, dem Gesang und den Spielen zog viele Jugendliche an und begeisterte sie. In dieser Gemeinschaft wurden sie Nationalsozialisten mit festem Glauben an den Führer.

Es gab auch nicht wenige Jugendliche, denen es in der Hitlerjugend nicht behagte. Die nicht so sehr vom Gemeinschaftsleben angezogen wurden, die sich in größeren Gruppen nicht wohl fühlten; nach neuerem Sprachgebrauch: frustriert waren. Sie hätten kleinere Gruppen oder das Alleinsein vorgezogen. Der »Dienst« in der Art, der ihnen Zeit für andere Betätigungen raubte, war ihnen lästig. So bildeten sich Gruppen, die ihre eigenen Wege gingen; die nicht das Volkslied, sondern moderne Musik liebten, wie sie in ausländischen Radiosendern zu hören und durch ausländische Schallplatten zu beschaffen war; die nicht für Volkstänze zu gewinnen waren, sondern die moderne Tänze, wie sie im Ausland getanzt wurden, vorzogen und die, gar nicht so selten, anderen politischen Richtungen als dem Nationalsozialismus – international-marxistischen, liberalen oder national-konservativen – anhingen.

Doch dies waren und blieben Außenseiter. Der weitaus überwiegende Teil der Jugend gehörte gern der HJ und dem BDM (Bund Deutscher Mädchen) sowie der Organisation »Glaube und Schönheit« – für achtzehnjährige Mädchen, die vier Jahre Mitglied des BDM gewesen waren – an, auch wenn immer wieder das eine oder andere an diesen Organisationen, wie vor allem die Beschränkung der Freizeit und langweilige »Schulungsabende«, kritisiert wurde. Das Gemeinschaftserlebnis in Sport und Spiel war das eindrucksvollste, die jungen Menschen gewinnende Erlebnis.

Am stärksten gewonnen wurden die jüngsten, die im Alter von zehn bis vierzehn Jahren dem »Deutschen Jungvolk« und den »Deutschen Jungmädeln« beitreten konnten. Auf die Zehnjährigen übten diese Gemeinschaften eine gewaltige Anziehungskraft aus, vor allem auf die zehnjährigen Jungen. Fast keiner wollte ausgeschlossen sein, fast jeder wollte die Uniform des Jungvolkes tragen und das »Fahrtenmesser« als Beweis der vollen Zugehörigkeit zeigen können. Mit Sport und Spiel, Lied und Romantik wurden diese Kinder umworben und sollten für den Nationalsozialismus gewonnen werden. Die Gemeinschaft im Jungvolk beeindruckte sie weit stärker, als es das Elternhaus und die Schule vermochten. Hier wuchsen junge Menschen heran, die im unbedingten Glauben an den Führer erzogen und geformt wurden. Sie wurden seine Gefolgsmänner, als sie heranwuchsen – getreu bis in den Tod.

An eine Kriegsgefahr wollten und konnten breite Kreise der Bevölkerung lange nicht glauben. In den kritischen beiden ersten Jahren der Regierung Hitlers, in denen die feindlichen Einstellungen des Auslandes sehr deutlich waren und außenpolitische Gefahren sich aufzeigten, wirkten sich diese Vorgänge auf die Beurteilung Hitlers und des Nationalsozialismus in der Volksstimmung nur wenig aus. Die größte Sorge hatte die wirtschaftliche Not bereitet, und durch ihre Überwindung hatte Hitler Anerkennung und Anhänger gewonnen. Stark betroffen waren viele Deutschen durch die politische Erniedrigung seit Versailles. Hier zeigte Hitler eine andere Haltung als seine Vorgänger. Damit fand er Zustimmung und erlangte Wertschätzung, selbst bei vielen von denen, die erkannten, welche Risiken entstanden. Danach stellten sich von 1935 an außenpolitische Erfolge ein, und das Ansehen Deutschlands im Auslande stieg deutlich. Viele seiner früheren Kritiker und Gegner mußten sich jetzt fragen, ob sie mit ihrer Einstellung gegen Hitler nicht Unrecht gehabt hatten, und sie änderten ihr Urteil über ihn.

Im Ausland war nach der Übernahme der Regierung durch Hitler die deutschfeindliche Stimmung stark gestiegen. Die Presse berichtete überall in großer Aufmachung über die brutale Verfolgung politischer Gegner und die antisemitischen Ausschreitungen sowie über Beseitigung der parlamentarischen Regierungsform. In mehreren Ländern, voran Frankreich und Polen, wurde eine Verstärkung der deutschen Rüstung befürchtet, und alle Anzeichen dafür wurden von den Nachrichtendiensten sorgfältig beobachtet, vom französischen Nachrichtendienst in einem umfangreichen Bericht eingehend dargelegt.

Nachdem Deutschland seit dem Jahre 1926 Mitglied des Völkerbundes war, hatte man nach langer Verzögerung im Dezember 1932 seine militärische Gleichberechtigung anerkannt. Doch als sie auf der Abrüstungskonferenz, die am 2. Februar 1933 begann, verwirklicht werden sollte, erhob Frankreich Einwendungen dagegen. Polen ging noch weiter. Marschall Piłsudski wollte einen Präventivkrieg herbeiführen. Auf der Westerplatte, einem Gebiet des Danziger Hafens, auf dem Polen eine begrenzte Anzahl von Soldaten halten durfte, stationierte er eine große Anzahl von Truppen, die nur dem Zwecke einer Übernahme Danzigs durch Polen dienen konnte.

Der Senat der Freien Stadt protestierte beim Völkerbundsrat in Genf. Entgegen der Annahme der Polen war die französische Regierung nicht zum Kriege bereit. Aufgrund der Berichte, die sie aus Berlin erhielt, rechnete sie damit, daß Hitler bis zum Herbst »abgewirtschaftet« haben und wahrscheinlich durch eine neue Regierung ersetzt sein würde. Deshalb stimmte sie mit den anderen Mitgliedern des Völkerbundsrates dafür, daß Polen seine Truppenverstärkung von der Westerplatte zurückzunehmen hatte, und drang auf die polnische Regierung ein, der Weisung schnell nachzukommen. So löste sich diese Krise.

Auf der Abrüstungskonferenz hielt Frankreich an seinem

Widerstand gegen die militärische Gleichberechtigung Deutschlands fest. Hitler erklärte deshalb am 10. Oktober 1933 »angesichts dieser demütigenden Zumutungen« mit »tiefsten Bedauern, die Abrüstungskonferenz verlassen zu müssen«. Gleichzeitig meldete er den Austritt aus dem Völkerbund an. Diese Schritte ließen zwar die Befürchtungen derer wachsen, die sich sorgten, daß Hitlers politischer Kurs zum Kriege führen würde. Die Mehrheit der Deutschen sah in diesem Vorgang aber einen Beweis der Festigkeit und des Würdebewußtseins Hitlers.

Überraschung, Verwunderung und Erstaunen löste es aus, als am 26. Januar 1934 ein Nichtangriffspakt mit Polen abgeschlossen wurde. Pilsudski hatte sich nach dem Fehlschlag seines Westerplatte-Abenteuers von Frankreich »im Stich gelassen« gefühlt und hielt es deshalb für besser, so lange wie möglich einen offenen Konflikt mit Deutschland zu vermeiden.

Einen ernsten politischen Rückschlag hatten die Nationalsozialisten im Sommer 1934 hinzunehmen. In Österreich war ihre Anhängerschaft – die dort schon immer recht beachtlich war – unter dem Eindruck der Regierungsübernahme Hitlers in Deutschland erheblich im Wachsen. Aber gleichzeitig waren auch ihre Gegner aktiver geworden. War vordem von fast der gesamten Bevölkerung des Landes einhellig der Anschluß an das Deutsche Reich gewünscht worden, so trat jetzt eine Spaltung ein; Sozialisten, aber auch die Anhänger der »rechts« stehenden Parteien wollten nicht in ein nationalsozialistisches Deutschland eingegliedert werden.

Der Führer der »Heimwehr« – einer starken, aus verschiedenen Wehrverbänden der ersten Nachkriegsjahre hervorgegangenen Organisation –, Ernst Rüdiger Fürst von Starhemberg, der 1923 am Hitler-Putsch in München teilgenommen hatte, hatte sich faschistischen Ideen zugewandt und gegen den Nationalsozialismus Stellung bezogen. Die Nationalsozialisten hatten deshalb die Heimwehr verlassen. Starhemberg trat für eine engere Anlehnung Österreichs an Italien ein. Das gleiche tat Engelbert Dollfuß, der, vom »Landbund« kommend, im Mai 1932 Bundeskanzler und Außenminister geworden war und sich auf eine Koalition der Christlich-Sozialen Partei, des Landbundes und des »Heimatblockes«, der parteipolitischen Vertretung der Heimwehr, stützte.

Dollfuß erklärte das Parlament, als die Präsidenten dreier Parteien ihre Ämter niederlegten, für aufgelöst, veranlaßte auch die Parteien zur Auflösung und gründete zusammen mit der Heimwehr eine »Vaterländische Front«. Am 1. Mai 1933 verkündete er eine neue Verfassung, durch die Österreich nach faschistischem Vorbild in einen »Ständestaat« umgewandelt werden sollte. Am 19. Mai 1933 wurde die Österreichische NSDAP – an deren Spitze Hitler einen Reichsdeutschen, Theo Habicht, als »Landesinspekteur« gestellt hatte – verboten; ebenso die SA und SS. Politische Gegner, deren Aktivität Dollfuß befürchtete – Marxisten wie Nationalsozialisten –, wurden in »Anhaltelagern« interniert. Von österreichischen Nationalsozialisten, die nach Deutschland flohen, wurde eine »Österreichische Legion« gebildet.

Am 12. Februar 1934 erhoben sich marxistisch-sozialistische Arbeiter mit dem »Republikanischen Schutzbund« – der formal aufgelöst war, aber illegal weiterbestand – als Kampforganisation in Linz. Der Aufstand griff auf Wien und andere Industrieorte über. Dollfuß ließ ihn mit Einsatz von Militär und der Heimwehr blutig niederschlagen. Danach glaubten österreichische Nationalsozialisten, mit einem Aufstand die Macht in Österreich gewinnen zu können. Am 25. Juli 1934 führten sie ihren Putsch aus, bei dem Dollfuß im Bundeskanzleramt getötet wurde.

Doch die Heimwehr erwies sich bei ihrem Gegenschlag gegen die Putschenden als die stärkere Kraft. Der Aufstand brach schnell zusammen. Mussolini hatte sogleich, von Starhemberg alarmiert, Truppen an der österreichischen Grenze massiert. Hitler sah keine für ihn aussichtsreiche Möglichkeit zum Eingreifen in Österreich. Er distanzierte sich öffentlich von den Putschisten und lieferte die Mörder des Bundeskanzlers Dollfuß zur Aburteilung an Österreich aus. Sie wurden hingerichtet.

In führenden Parteikreisen wurde das Verhalten Hitlers keineswegs einhellig gebilligt. Doch unter dem Eindruck des wenig mehr als vier Wochen zurückliegenden 30. Juni wagte keiner eine laute Kritik auszusprechen. In der Öffentlichkeit waren viele über den Mord an Dollfuß entsetzt. Aber viele nahmen, weil sie wirklich davon überzeugt waren, oder weil sie es wahrhaben wollten, die Distanzierung Hitlers ernst und meinten, daß der Führer von diesen Vorgängen entweder gar nichts gewußt oder zum mindesten einen ganz anderen Verlauf erwartet habe.

Um die Verbindung mit Österreich zu normalisieren und nach Möglichkeit zu verbessern, sandte Hitler von Papen als Botschafter nach Wien. Von Papen nahm dieses Amt gern an, weil es ihm wieder ein Betätigungsfeld bot. Er wirkte – in seinem wie in Hitlers Sinn – sehr erfolgreich. Unter der Bevölkerung Österreichs wuchs schnell wieder der Wunsch zur Vereinigung mit dem Deutschen Reich, und zwar mit dem nationalsozialistischen Reich, das in den Augen der Österreicher immer schöner und besser erschien.

Der Verzicht auf ein Eingreifen in Österreich zur Unterstützung des nationalsozialistischen Putsches machte den Weg frei zu einer Annäherung zwischen Hitler und Mussolini. Daß Hitler dafür einen Verzicht auf einen Anschluß Südtirols an einen deutschen Staat – die Südtiroler fühlten sich mit ihrem Deutschtum sowohl zu Österreich wie zu Deutschland zugehörig – aussprach, wurde von manchen seiner Anhänger tief bedauert; von einigen wurde diese Preisgabe des Selbstbestimmungsrechtes einer deutschen Volksgruppe als Verrat empfunden. Doch dies änderte wenig an der wachsenden Wertschätzung Hitlers und seiner Politik in immer breiteren Kreisen der Bevölkerung.

Sie wuchs immer mehr, als Hitler gleichzeitig mit dem fortschreitenden wirtschaftlichen Aufschwung mehrfach Erfolge erzielte. Eindrucksvoll war das Ergebnis der Volksabstimmung im Saargebiet am 13. Januar 1935. Dieser Landesteil war 1919 nach der Bestimmung des Versailler Vertrages für fünfzehn Jahre formal dem Völkerbund als Treuhänder unterstellt und wirtschaftlich mit Frankreich verbunden worden, das Eigentumsrechte an den Kohlegruben der Saar erhielt. Praktisch war das Saargebiet nach der Herauslösung aus dem Deutschen Reich von Frankreich verwaltet. Nach Ablauf der fünfzehn Jahre sollte die Bevölkerung des Saargebietes über ihr weiteres Schicksal durch Abstimmung entscheiden, ob sie zu Deutschland zurückkehren, selbständig werden oder sich Frankreich anschließen wollte.

Während der Weimarer Zeit wurde es für sicher angesehen, daß die Bevölkerung mit großer Mehrheit für die Rückkehr nach Deutschland stimmen würde. Stresemann hatte in dieser Erwartung im September 1926 dem französischen Außenminister Briand – um sein Entgegenkommen in der Frage der Räumung des Rheinlandes zu erreichen – Vorauszahlungen für den Rückkauf der Saargruben angeboten.

Nach der Regierungsübernahme durch Hitler flohen verfolgte und sich verfolgt fühlende Politiker demokratischer Parteien ins Saargebiet und versuchten, dort für eine Abtrennung von Deutschland zu werben. Sie rechneten sich nämlich dafür eine Erfolgschance aus, weil in den Wahlen zum Parlament des Saargebietes, dem »Landesrat«, die NSDAP bis dahin immer sehr schlecht abgeschnitten hatte. In der Wahl 1932 hatte sie lediglich sieben Prozent der Stimmen erhalten. Die weitaus stärkste Partei im Saargebiet war das Zentrum mit fast der Hälfte aller Stimmen, mit großem Abstand gefolgt von den Kommunisten und mit weiterem Abstand von der SPD. Die Deutschnationalen erreichten nicht einmal zwei Prozent, sämtliche Mittelparteien zusammen zwölf Prozent.

In der Abstimmung am 13. Januar 1935 stimmten 90,7 Prozent für die Rückkehr zu Deutschland, nur 0,04 für einen Anschluß an Frankreich und 8,8 Prozent für ein Fortbestehen der Trennung unter Treuhänderschaft des Völkerbundes. Dieses Wahlergebnis wurde von den Nationalsozialisten als ein Sieg ihrer Partei hingestellt und entsprechend gefeiert. Das beruhte auf einer Deutung, die sicherlich nicht voll dem Tatbestand entsprach.

Denn viele der Wähler, die für die Rückkehr nach Deutschland stimmten, waren nicht – wenigstens noch nicht – Nationalsozialisten. Die so stimmten wollten aber alle zurück nach Deutschland, die einen besonders, weil es ein nationalsozialistisches Deutschland war, die anderen, obwohl es nationalsozialistisch war. Der Wahlsieg war insofern ein Sieg Hitlers, weil er die Wirkungslosigkeit der Agitation emigrierter Parteipolitiker bewies, die es auf eine Trennung Deutscher von Deutschland ankommen lassen wollten.

Keine zwei Monate nach dem Sieg an der Saar bewies Hitler, daß er Deutschland aus den Fesseln des Versailler Vertrages, des »Diktats«, lösen konnte. Er ließ am 7. März 1935 Truppen in die entmilitarisierte Zone des Rheinlandes einmarschieren. Das widersprach nicht nur den Versailler Bedingungen, sondern auch den Vereinbarungen des Locarno-Vertrages von 1925.

Am 9. März 1935 gab Göring bekannt, daß Deutschland eine Luftwaffe besaß, die ihm ausdrücklich verboten war, die aber im geheimen seit langem bestand; schon seit dem Beginn der Weimarer Zeit, als deutsche Piloten in Schweden und der Sowjetunion übten und deutsche Flugzeugbauer in der schwedischen Flugzeugindustrie ihre Fertigkeiten weiter entwickelten. Eine Woche darauf, am 16. März 1935, verkündete Hitler die Einführung der allgemeinen Wehrpflicht.

Er brauchte deswegen außer leeren Protesten Frankreichs und vielleicht der einen oder anderen der Siegermächte des Ersten Weltkrieges keine ernsten Gegenmaßnahmen zu befürchten. Die Entschließung des Völkerbundes, der das Vorgehen Hitlers scharf verurteilte, machte auf ihn und ebenso bei den meisten Deutschen keinen Eindruck. Großbritannien hatte sich mit der militärischen Gleichberechtigung Deutschlands abgefunden und verhandelte über ein britisch-deutsches Flottenabkommen. Am 18. Juni 1935 wurde sein Abschluß bekanntgegeben. Es rief in der Welt großes Staunen hervor und ließ das Ansehen Hitlers im Ausland wie im Inland steigen.

Hatte Hitler nicht, so sagten jetzt seine Anhänger, gegenüber seinen Kritikern Recht behalten, die voller Angst waren, als die deutschen Soldaten in die entmilitarisierte Zone einmarschierten, und die befürchteten, daß Frankreich dies nicht hinnehmen würde und es zum Kriege kommen könnte? War der Führer nicht klüger als alle anderen Politiker? Schätzte er die weltpolitische Lage, die Stärke Deutschlands und die Schwäche seiner Gegner nicht richtiger ein?

Eine Kriegsgefahr brauche man – so glaubten es seine Anhänger und immer mehr andere Deutsche – von Hitlers Vorgehen nicht zu befürchten. Hatte doch die Reichsregierung in der Proklamation zur Einführung der allgemeinen Wehrpflicht betont, »in der nationalen deutschen Rüstung kein Instrument kriegerischen Angriffs, als vielmehr ausschließlich der Verteidigung und damit der Erhaltung des Friedens bilden zu wollen«. Viele der bisherigen Gegner Hitlers änderten nach dem Erfolg seines Vorgehens, vor allem nach dem Abschluß des Flottenvertrages mit Großbritannien, ihre Meinung über Hitler.

Sie sahen, wie geschickt er es verstand, Chancen auszunutzen, und wie sein Ansehen und das Ansehen Deutschlands in der Welt wuchs.

Die Änderung der Weltmeinung über Hitler und Deutschland fand einen überzeugenden Ausdruck in den Olympischen Spielen 1936. Sportler aus aller Welt kamen nach Berlin und mit ihnen Staatsmänner und andere führende Persönlichkeiten aus Ländern, die bis vor kurzem Deutschland gegenüber feindselig eingestellt gewesen waren, auf die Deutschen herabgesehen und Hitler als eine lächerliche oder eine verbrecherische Person betrachtet hatten. Vor allem die deutsche Jugend wurde – da deutsche Sportler jetzt erfolgreicher als jemals zuvor in internationalen Wettbewerben abschnitten – hingerissen von dem Mann, dem alles dies zu verdanken war.

Ende Juni/Anfang Juli 1937 fand der Kongreß der Internationalen Handelskammer in Berlin statt. Es war dies das erste Mal, daß diese Organisation mit ihrer großen Tagung nach Deutschland kam. Mit den Olympischen Spielen war eine solche Veranstaltung nicht zu vergleichen. Sie wurde in der Öffentlichkeit auch nicht so sehr beachtet. Aber in der Wirtschaft sah man darin den Beweis dafür, wie das Ansehen Deutschlands in der Welt gestiegen war, und dies verdankte man – so konnten es die Nationalsozialisten herausstellen, und so wurde es immerhin auch von vielen empfunden, die früher Hitler sogar entschieden abgelehnt hatten – Hitler.

Gesteuertes Bewußtsein

Glaub mir, die Herrschaft ist ein Zauber eigener Art,
Und stark genug, den Stärksten zu betören.

Emanuel Geibel

Hitler und seine engsten Mitarbeiter haben vom ersten Tage nach der Regierungsübernahme an planvoll darauf hingearbeitet, die deutsche Bevölkerung, möglichst in ihrer Gesamtheit, für den Nationalsozialismus zu gewinnen. Sie setzten dafür die Propagandamaßnahmen, die sie auf dem Weg zur »Machtübernahme« so erfolgreich angewendet hatten, weiter fort, bauten sie aus und ergänzten sie mit staatlichen organisatorischen Maßnahmen zur Ausschaltung jeder Gegenpropaganda. Hitler selbst war ein ungewöhnlich begabter Propagandist, der ähnlich wie Alexander der Große, Caesar oder Napoleon in entscheidenden Situationen das Wort fand, mit dem er seine Gefolgschaft begeisterte und hinriß. Mehrere seiner engsten Mitarbeiter besaßen ähnliches Geschick für wirksame Propaganda. Am meisten haben ihm auf diesem Gebiet Ernst Hanfstaengl und Joseph Goebbels genutzt.

Hanfstaengl hatte in den Vereinigten Staaten die Propagandatechnik der beiden großen amerikanischen Parteien kennengelernt und beriet Hitler, wie die NSDAP mit ähnlichen Maßnahmen arbeiten konnte. Die Organisation der Versammlungen war den Amerikanern abgeschaut: die Einstimmung der Versammelten durch Musik, das Hochschrauben ihrer Erwartung, bis der Führer mit einer in ihrer Dauer berechneten Verzögerung eintraf und dann das Wort ergriff; der gemeinsame Gesang zum Abschluß der Versammlung. Diese Technik wurde dann weiter ausgebaut zur Organisation der riesigen Massenveranstaltungen mit den Aufmärschen, wie vor allem auf den Parteitagen in Nürnberg, bei denen immer dafür gesorgt wurde, daß das Gefühl der Gemeinschaft, bei den Aufmarschierenden wie den Zuschauenden, bestand.

Von Hanfstaengl kam auch die Anregung zur später durchgeführten Maßnahme, daß an einem Wochentage alle in Deutschland zu Mittag ein gleiches oder doch sehr ähnliches Gericht essen sollten: den »Eintopf«. Wer sonst ein reichlicheres Essen eingenommen hätte, stellte das Geld, das er mit dem Eintopf-Essen einsparte, für wohltätige Zwecke zur Verfügung. Hanfstaengl hatte dies den Mormonen abgeschaut, die mit einem gleichen, für die Bessergestellten bescheidenen Gericht ihre Gemeinsamkeit bekundeten. Manch einer hat damals über den Eintopf gespottet, aber für viele war dies wirklich ein Ausdruck der Zusammengehörigkeit und Gemeinsamkeit.

Gemeinschaftsgefühl und Teilnahme, die ihrerseits das Gemeinschaftsgefühl stärkte, während aus der Gemeinschaft die Bereitschaft zur tätigen Teilnahme wuchs, waren die beiden Regungen, die ständig wachgehalten wurden, um möglichst jeden einzelnen in die nationalsozialistische Volksgemeinschaft eingehen zu lassen und ihn in ihr zu halten. Der Nationalsozialist sollte unablässig für den Nationalsozialismus tätig sein, und soweit er seinen eigenen Neigungen nachging, sollte er dies im Rahmen nationalsozialistischer Organisationen tun.

An die Spendenbereitschaft für die Partei, ihre Organisation und die von ihr geschaffenen sozialen Einrichtungen – wie die Nationalsozialistische Volkswohlfahrt (NSV) oder später das »Winterhilfswerk« – wurde immer wieder appelliert. Der einzelne mußte mit der Spendenbüchse sammeln gehen und selbst spenden. Die Partei mit ihrer »Politischen Organisation« (PO) bot viele Ämter, und die »Amtsleiter« waren ständig beschäftigt. Das gleiche galt für alle anderen Formationen der Partei. Die SA blieb auch nach ihrer Entmachtung weiter bestehen, und der SA-Mann hatte ebenso wie jeder SA-Führer weiter seinen Dienst zu tun. »Die SA hat die Aufgabe, eine Aufgabe zu haben«, hieß es spöttisch. Aber die Nationalsozialisten blieben in Bewegung, auch nachdem die »Bewegung« ihr innenpolitisches Ziel erreicht hatte.

Dieses unablässige Eingespannt-Sein war vielen – manchesmal fast einem jeden – lästig. Es wurde gemurrt und kritisiert. Doch nur leise und im kleinsten Kreise. Bei allem diesem Murren machten die meisten im Grunde doch ganz gern mit. Sie wurden dadurch aus der Anonymität und Isoliertheit der Massengesellschaft herausgeführt und hatten neben dem Gemeinschaftsgefühl auch das Gefühl des tätigen Mitwirkens.

Goebbels, der am 13. März 1933 das Amt des »Reichsministers für Volksaufklärung und Propaganda« antrat, ging systematisch vor, um jede antinationalsozialistische Stimme in Deutschland zum Schweigen zu bringen und um stärker für den Nationalsozialismus zu werben und auch im Ausland, soweit es möglich war, ein günstiges Bild vom nationalsozialistischen Deutschland erscheinen zu lassen. Er scheute nicht vor den härtesten Maßnahmen gegen Gegner des Nationalsozialismus zurück. Aber wo es ging, vermied er hartes Eingreifen und arbeitete lieber mit subtileren Mitteln. Er ließ gewisse Freiräume zu oder schuf sie sogar, weil er wußte, daß für die Beeinflussung und Lenkung der öffentlichen Meinung, gerade wenn Druck angewendet wird, »Ventile« gebraucht werden.

Wenige Tage nach der Übernahme der Regierung durch Hitler, am 4. Februar 1933, wurde das Parteiblatt der Sozialdemokraten, der »Vorwärts«, für drei Tage verboten. Das Verbot stützte sich juristisch noch auf eine Anordnung aus der letzten Zeit der Weimarer Republik, auf den Paragraphen 6 der Verordnung »zum Schutze des inneren Friedens« vom 19. Dezember 1932. Am 4. Februar 1933 schuf sich die nationalsozialistische Regierung aber auch ihre eigene Handhabe zur Einschränkung der Pressefreiheit mit einer neuen Verordnung, der »Verordnung zum Schutze des deutschen Volkes«, in der bestimmt wurde, daß periodische Druckschriften »wegen unrichtiger Nachrichten« verboten werden können.

Den Journalisten schwante Unheil. Sie hatten in der Weimarer Republik nur etwa sieben Jahre lang die im Artikel 118 garantierte Pressefreiheit in vollem Umfang erlebt. In den ersten vier und den letzten drei Jahren der Weimarer Zeit hatte zumeist ein »Staatsnotstand« bestanden, in dem die Geltung des Artikels 118 eingeschränkt war und Zeitungen und Zeitschriften wegen »unrichtiger Nachrichten« oder »Volksverhetzung« verboten werden konnten und oft auch Verbote ausgesprochen wurden. Betroffen waren hauptsächlich kommunistische und nationalsozialistische Zeitungen.

Nach dem Verbot des »Vorwärts« am 4. Februar 1933 war klar, in welcher Richtung die neue Verordnung sich auswirken würde. Der »Reichsausschuß« des »Reichsverbandes der Deutschen Presse« protestierte deshalb sofort gegen diese Verordnung. Hitler versuchte, beschwichtigend einzuwirken und Journalisten für sich zu gewinnen. Am 8. Februar empfing er leitende Berliner Redakteure und Korrespondenten der größeren auswärtigen Zeitungen. Nachdem er in einem witzig vorgebrachten Hinweis gesagt hatte, daß in der Weimarer Zeit keine Zeitung so oft wie »meine Zeitung« – gemeint war der »Völkische Beobachter« – verboten worden war, betonte er mehrfach, er halte Kritik in der Presse für notwendig und nützlich.

Doch Kritik, die den Nationalsozialisten nicht paßte, wurde nicht geduldet. Von Mitte Februar an folgte ein Verbot nach dem anderen. Die ersten Zeitungen, die nach dem »Vorwärts« davon betroffen wurden, waren »Berlin am Morgen«, »Tempo«, der »Volkswille«, die »Münchner Neuesten Nachrichten«, das »8 Uhr Abendblatt«, »Das Reichsbanner«. Die Verbote wurden für einzelne Ausgaben oder für einige Tage verfügt. Als treibende Kräfte für diese Verbote traten die SA und Göring auf.

SA-Leute drangen in Redaktionen ein und erzwangen die Ausgabe von Vordruckexemplaren, die sie zur Polizei brachten. Es kam in einigen Fällen zu Schlägereien zwischen SA-Leuten und Redaktionsangehörigen. Bei der Durchsuchung der Redaktion der Chemnitzer »Volksstimme« endete sie mit dem Tode des Verlegers. Antinationalsozialistische Verleger, die Verhaftung und Konzentrationslager zu befürchten hatten, flohen ins Ausland.

Göring, als Innenminister von Preußen, ermahnte am 22. Februar 1933 in einem Erlaß an die Oberpräsidenten und Regierungspräsidenten, die Polizeibehörden genauer die Presse beobachten zu lassen und bei Verstößen gegen die Bestimmungen der Verordnung vom 4. Februar 1933 mit unnachsichtiger Schärfe durch polizeiliche Beschlagnahmen und Verbote vorzugehen. Am 28. Februar 1933 brachte eine neue Verordnung – »zum Schutze von Volk und Staat« – eine Handhabe zur Verschärfung der Beschränkungen der Pressefreiheit. Sie setzte den Artikel 118 der Verfassung außer Kraft.

Die Verbote brachten den betroffenen Zeitungen Einnahmeausfälle, da bald die Inserenten sich scheuten, an diese Zeitungen Anzeigenaufträge zu vergeben. Dadurch wurde die ohnehin schwache wirtschaftliche Grundlage der Zeitungen zerstört. Viele Blätter gingen ein. Andere wurden von einer nationalsozialistischen Verlagsgruppe übernommen. Und bei den übrigen entschlossen sich die Verleger, die Ausrichtung der Zeitungen nach den Wünschen der Nationalsozialisten zu beachten; sie schalteten sich gleich. Und wer von den Verlegern und Journalisten sich nicht von selbst zur Gleichschaltung entschließen wollte, wurde im Verlauf des Jahres 1933 durch gesetzliche Bestimmungen dazu angehalten.

Die Vorstände der Berufsorganisationen der Verleger und Journalisten, des »Vereins Deutscher Zeitungsverleger« und des »Reichsverbandes der Deutschen Presse«, wurden mit Personen besetzt, die zum Teil Nationalsozialisten waren und zum anderen Teil sich zur Zusammenarbeit mit den Nationalsozialisten entschlossen, weil sie keine andere Möglichkeit zur Fortführung der Pressearbeit sahen und hofften, in der Zusammenarbeit noch mehr erreichen – oder »Schlimmeres verhüten« – zu können, als wenn sie sich selbst zur Untätigkeit und völligen Wirkungslosigkeit entschließen würden.

Mit dem »Schriftleitergesetz« vom 4. Oktober 1933 war die Gleichschaltung gesetzlich vollzogen. Nichtarische Verleger und Journalisten waren aus der Presse ausgeschaltet und die Handhabe zur Ausschaltung jedes der Partei oder der Regierung nicht genehmen Verlegers oder Journalisten gegeben. Es wurde darauf gesehen, daß möglichst viele der Verleger und Journalisten der Partei angehörten. Doch ein Zwang zum Eintritt in die Partei wurde nur in Einzelfällen ausgeübt.

Es waren nicht wenige Journalisten, die weiterhin den

Nationalsozialismus ablehnten und sich bemühten, ihm entgegenzuwirken. Manche von ihnen traten nicht in die Partei ein; andere taten dies, weil sie glaubten, dadurch persönlich gesichert zu sein, ohne aber ihre Gesinnung preiszugeben und ohne ihre gegen den Nationalsozialismus gerichtete Tätigkeit aufgeben zu müssen. Nur war der Spielraum für eine solche Tätigkeit äußerst gering und hatte praktisch so gut wie keine Wirkung.

Dem Propagandaminister Goebbels bereitete ihr Wirken nur geringe, wenn überhaupt eine Sorge. Ja, es paßte zum Teil sogar gut in sein Propaganda-Konzept. Er ließ von den großen »bürgerlichen« Zeitungen die »Kölnische Zeitung«, die »Berliner Börsenzeitung« und die »Deutsche Allgemeine Zeitung« (DAZ) bis zum Kriegsende bestehen. Das »Berliner Tageblatt«, das am 31. Januar 1939 sein Erscheinen einstellte, wurde mit der »Deutschen Allgemeinen Zeitung« zusammengelegt. Die Wochenzeitung »Deutsche Zukunft«, die wohl die kritischsten Ausführungen brachte, konnte bis 1940 fortbestehen, und als sie einging, übernahm Goebbels die meisten ihrer Mitarbeiter in die von ihm geschaffene neue große Wochenzeitung »Das Reich«. Nur mit Bedauern hatte er am 31. August 1943 die »Frankfurter Zeitung« eingehen lassen, nachdem sie durch einen als Verunglimpfung empfundenen Artikel über Dietrich Eckart, den von Hitler selbst und vielen aus seiner nächsten Umgebung so hochgeschätzten Dichter und ersten Chefredakteur des »Völkischen Beobachter«, allzu viel Unwillen erregt hatte.

Goebbels wußte, wie in manchen Blättern weiterhin nichtnationalsozialistische und antinationalsozialistische Journalisten am Werke waren. Doch er konnte ihre Tätigkeit in Grenzen halten. Er sah es vor allem dem Ausland gegenüber für zweckmäßig und bis zum Kriegsausbruch für erforderlich an, daß die deutsche Presse wenigstens eine gewisse

Vielfalt aufwies und nicht völlig gleichgeschaltet und gelenkt erschien. Dafür konnte auf die Mitwirkung nichtnationalsozialistischer Journalisten nicht verzichtet werden.

Auch im Inland war – in gewissem Rahmen – eine Pressekritik angebracht und der Regierung dienlich. Sie konnte vor allzu groben Fehlgriffen und unnötigem Zwang warnen. Außerdem diente sie zur Ableitung, zum Ventil für den Druck, unter dem Intellektuelle angesichts der wachsenden Lenkung und Leitung des geistigen Lebens litten. Für sie war es ein Trost und weckte in ihnen Hoffnungen, wenn sie »zwischen den Zeilen« der Ausführungen nichtnationalsozialistischer Journalisten Kritik an den bestehenden Zuständen herauslesen konnten.

Goebbels konnte davon ausgehen, daß diese Wirkung auf eng begrenzte Kreise beschränkt blieb, von denen die Nationalsozialisten wenig zu befürchten hatten. Was machte es schon aus, wenn – um nur eines der zahllos vielen Beispiele anzuführen – ein angesehener Journalist in einem dieser Blätter für einen Artikel die Überschrift »Ebbe und Flut« wählte und den Wechsel der Gezeiten als Sinnbild dafür nahm, daß auch die politische Entwicklung einem ständigen Wechselspiel unterworfen ist. Der Verfasser war stolz darauf, es ausgesprochen zu haben, daß er nicht an den ewigen Bestand der nationalsozialistischen Herrschaft glaubte, und Leser, die auch dieses herauslasen, fühlten sich in ihrer Haltung bestärkt. Doch wie viele lasen dies heraus? Auf die Einstellung weiterer Kreise hatte es keine Bedeutung.

Es war gleichfalls ohne weitergehende Wirkung, daß Blätter wie die »Frankfurter Zeitung«, die »Deutsche Allgemeine Zeitung« und die »Berliner Börsenzeitung« in ihren Wirtschaftsteilen über Vorgänge im Auslande berichteten, die nicht in die allgemeine nationalsozialistische Propaganda paßten. Die Wirtschaftler, die dies lasen, erhielten zu einem großen Teil bis zum Kriegsausbruch solche Informationen ohnehin von ihren Geschäftsfreunden, und während des Krieges entsprach das, was sie hier erfuhren, weitgehend ihrer nüchternen Beurteilung der Lage. Die breite Öffentlichkeit wurde durch diese Informationen kaum beeinflußt.

Die Grenzen für den Spielraum der Presse waren klar gezogen. In einem am 29. Dezember 1934 ergangenen Erlaß hieß es: »Wer öffentlich gehässige, hetzerische oder von niedriger Gesinnung zeugende Äußerungen über leitende Persönlichkeiten des Staates oder der NSDAP, über ihre Anordnungen oder die von ihnen geschaffenen Einrichtungen macht, die geeignet sind, das Vertrauen des Volkes zur politischen Führung zu untergraben, wird mit Gefängnis bestraft.«

Wichtiger als die Einschränkung und die Unterdrückung von Kritik in der Presse war für Goebbels die Verbreitung propagandistisch wirkender Nachrichten und Kommentare. Hierfür sorgte er durch die laufend abgehaltenen »Pressekonferenzen«, in denen gesagt wurde, welche Nachrichten zu bringen sind und wie sie herausgestellt und erläutert werden sollten. Mit dem, was positiv verkündet wurde, war die Bevölkerung am eindrucksvollsten zu beeinflussen. Was daneben an Kritik noch zu hören war, hatte nur verschwindende Bedeutung.

Deshalb setzte sich Goebbels für die Erhaltung und bessere Verbreitung der – gleichgeschalteten – Presse ein, die nach den Verboten und dem wirtschaftlichen Zusammenbruch vieler nichtnationalsozialistischer Zeitungen in ihrem Gesamtumfang stark geschrumpft war und ihren Einfluß auf die Meinungsbildung eingebüßt hatte. Im November 1936 ermahnte er in einem Rundschreiben alle Dienststellen der NSDAP, »Angriffe gegen die Presse« einzustellen. Er bemerkte dazu: »Wenn ich einerseits jegliche Kritik in der Presse untersagt habe, dann muß ich andererseits erwarten, daß auch jegliche Kritik an der Presse unterbleibt ... Eine öffentliche Kritik an der Presse ist jedoch vom heutigen Tage an keineswegs mehr zulässig.«

Die Nationalsozialisten konnten auf die Presse als Instrument für ihre Propaganda nicht verzichten. Ebenso wichtig oder noch wichtiger waren für sie der Rundfunk mit dem gesprochenen und gehörten Wort und die Wirkung des Bildes in Wochenschau und Film. In beiden Fällen wurde die reine Propaganda im Wechsel mit entspannender Unterhaltung gebracht. Wissend um die Bedeutung des Rundfunks für die Beeinflussung der Bevölkerung sorgte Goebbels vor Ausbruch des Krieges dafür, daß möglichst jeder Haushalt wenigstens einen Rundfunkempfänger besaß.

Bei der Eröffnung der Rundfunkausstellung 1938 kündigte Goebbels die Herstellung eines Kleinempfängers, des »Volksempfängers«, zum Preis von 35 Reichsmark an. Die Rundfunkindustrie, die zuerst hiervon eine Beeinträchtigung ihres Geschäftes mit größeren Geräten befürchtete, stellte bald fest, daß hierdurch das gesamte Rundfunkgeschäft einen Anstoß erhielt und Goebbels seine Absicht erreichte, die gesamte Bevölkerung mit dem Rundfunk zu erfassen. Das war im Kriege dann allerdings mit dem Nachteil verbunden, daß viele mit ihren Geräten auch ausländische Nachrichten abhörten. Drakonische Strafen wurden eingesetzt, damit das Abhören und vor allem die Weitergabe abgehörter ausländischer Nachrichten eingeschränkt blieb.

Abweichende und antinationalsozialistische Einstellungen einzelner und kleiner Gruppen brauchten die Nationalsozialisten nicht zu bekümmern, wenn auch die Eiferer unter ihnen oder diejenigen, die meinten, daß sie ihre nationalsozialistische Einstellung besonders stark bekunden müßten, gegen solche einzelnen und kleine Gruppen vorgingen, sie denunzierten und zur Strafverfolgung, ins KZ oder gar zur Hinrichtung brachten.

Gefahren sahen die Nationalsozialisten überall dort, wo sich größere Kreise, die nicht für den Nationalsozialismus gewonnen wurden, zusammenfinden konnten. Alle größeren Organisationen mußten deshalb von Nationalsozialisten geführt und in die nationalsozialistische Organisation eingegliedert werden. Organisationen, bei denen dies nicht geschehen konnte, mußten aufgelöst werden.

Die Angehörigen aller Berufe vom Hilfsarbeiter bis zum Unternehmensführer, von der Reinemachefrau im Krankenhaus bis zum Chefarzt, vom Schuldiener bis zum Professor und Universitätspräsidenten, Rechtsanwälte und Künstler – alle waren sie durch Organisationen unter nationalsozialistischer Führung erfaßt. Unaufhörlich wirkte über diese Organisationen die nationalsozialistische Propaganda auf sie ein. »Erfaßt« und nationalsozialistischer Führung unterstellt waren alle Sportorganisationen und ebenso alle anderen Vereine bis zu den Vereinen der Schrebergärtner, der Brieftauben- und der Kaninchenzüchter und der Briefmarkensammler.

Organisationen, die nicht einer nationalsozialistischen Führung unterstellt werden konnten oder sich nicht dazu bereit fanden, wurden aufgelöst. Im Sommer 1935 traf dieses Schicksal die noch bestehenden Stahlhelm-Gruppen, die sich nicht der SA eingegliedert hatten. Auch die Verbände der Freikorpskämpfer – aus deren Reihen Hitler am Beginn seiner Laufbahn den damals für ihn sehr wichtigen Zulauf erhalten hatte – wurden aufgelöst. Nicht anders erging es Studentenverbindungen, die sich nicht in die nationalsozialistische Organisation eingliederten. Selbst eine Organisation wie der »Rotary Club« mußte im August 1937 seine Tätigkeit einstellen, nachdem Parteimitgliedern die Zugehörigkeit zu ihm untersagt worden war.

Es durften keine Vereinigungen bestehen bleiben, in denen sich Menschen treffen konnten, ohne nationalsozialistischer Beeinflussung unterworfen zu sein. So wurde schließlich – im März 1939 – sogar der »Alldeutsche Verband« aufgelöst, aus dessen Reihen Hitler viele seiner ersten Anhänger gewonnen hatte und dessen Zielsetzungen weitgehend, aber eben doch nicht vollständig, mit denen der Nationalsozialisten übereinstimmten.

Schwierigkeiten hatten die Nationalsozialisten mit den Kirchen. Einen offenen Kirchenkampf scheuten Hitler und seine Mitarbeiter. Mit dem Konkordat hatte die Regierung festgelegte Verpflichtungen gegenüber der katholischen Kirche übernommen. Die katholischen Jugendverbände, die einer totalitären Erfassung der Jugend entgegenstanden, konnten nicht aufgelöst werden. Deshalb mußten sich die Nationalsozialisten damit begnügen, ihnen durch Verbot des Tragens von Uniformen und Abzeichen die Möglichkeit einer eigenen Werbung zu nehmen und über die Hitlerjugend dahin zu wirken, daß möglichst viele Jugendliche vom Beitritt in die katholischen Verbände abgehalten wurden.

Die Nationalsozialisten scheuten sich nicht, gegen Geistliche hart vorzugehen, die offen Kritik übten. Im März 1935 wurden siebenhundert Pfarrer, die der »Bekennenden Kirche« angehörten, verhaftet. Im Dezember 1935 wurde mehreren katholischen Priestern der Prozeß gemacht. Am 1. Juli 1937 wurde Pastor Niemöller verhaftet und nach einem Prozeß ins Konzentrationslager eingeliefert. Die Kirchen versuchten, sich zur Wehr zu setzen. Um nur zwei hervorragende Schritte zu erwähnen: Am 4. März 1937 wies die Päpstliche Enzyklika »Mit brennender Sorge« auf die Verletzungen des Konkordats und die Bedrückung der Kirche hin. Am 2. Juli 1938 veröffentlichte der württembergische evangelische Landesbischof Dr. Theophil Wurm eine Denkschrift, in der er offen die Verfolgungen der Kirche aufzeigte.

Doch der Widerhall in der Bevölkerung blieb gering. Es waren in der katholischen Kirche und den evangelischen Kirchen verhältnismäßig kleine Kreise, die erkannten, wie unchristlich der Nationalsozialismus war, und die sich von dem Vorgehen der Nationalsozialisten betroffen fühlten. Bei vielen Deutschen war die kirchliche Bindung ohnehin nicht sehr stark. Bei anderen wirkte mit, daß die Kirchen bei der Machtübernahme durch Hitler und in der Zeit danach eine schwankende Haltung und Gegensätze in der Führung gezeigt hatten. Es fiel daher den Nationalsozialisten oft leicht, die Anschuldigungen und Vorwürfe gegen die Partei als »Pastoren-Gezänk« hinzustellen. Und schließlich »arrangierten« sich die Kirchen und die Mehrzahl der Kirchendiener weiter mit den nationalsozialistischen Machthabern.

So blieben die betroffenen Christen isoliert. Die große Mehrheit der Bevölkerung erfuhr wenig von ihrer Not. In gleicher Weise isoliert waren auch alle anderen Gruppen und Einzelpersonen, die den Nationalsozialismus weiterhin ablehnten oder durch jüngere Erfahrung zu seiner Ablehnung gekommen waren und in ihm die große Gefahr für das Schicksal Deutschlands sahen. Sie alle hatten keine Möglichkeit, ihre Einsicht und Erkenntnis breiteren Kreisen mitzuteilen.

Beeindruckt, mitgerissen durch die Erfolge, die Hitlers Regierung aufzuweisen hatte, war der überwiegende Teil der Bevölkerung für den Nationalsozialismus und den Glauben an den Führer gewonnen. Mit besonderem Geschick wurden terroristische Maßnahmen zur Bekämpfung eingesetzt. Sie schalteten aktiv handelnde Gegner – und

Personen, von denen ein aktiver Widerstand befürchtet wurde – aus und schreckten von einem solchen Widerstand ab. Ihr Einsatz erfolgte gezielt und war so gehalten, daß möglichst niemand außer den Betroffenen und denen, die eingeschüchtert werden sollten, von den Terrormaßnahmen Kenntnis erlangte. Der Großteil der Bevölkerung wurde in dem Glauben gehalten, daß das Leben überall normal verlief und der Staat nur in zwingenden Ausnahmefällen gegen Kommunisten und Unruhestifter durchgriff.

Wer ahnte schon, was es bedeutete, als im April 1934 ein »Volksgerichtshof« errichtet wurde? Selbst Juristen erkannten nicht sogleich, daß mit diesem Sondergericht zur Aburteilung von Hoch- und Landesverrat sowie anderer politischer Straftaten die Machthaber sich ein Instrument schufen, mit dessen Hilfe sie außerhalb der ordentlichen Gerichtsbarkeit ihre Gegner unterdrücken und verfolgen konnten.

Die nationalsozialistische Propaganda konnte ihren großen Erfolg dadurch erreichen, daß sie, ohne von einer Gegenpropaganda beeinträchtigt zu werden, in allen Lebensbereichen – von der Frühzeit der Erziehung an, im Berufsleben, in der Freizeit – und mit allen Mitteln der Beeinflussung der Meinungs- und Weltanschauungsbildung – mit Presse, Rundfunk, Film, Literatur, im Theater, in der Musik, der bildenden Kunst und in den Wissenschaften – wirksam war. Die Wirkung aus diesen verschiedenen Bereichen steigerte sich gegenseitig und bestimmte schließlich die Bewußtseinsstruktur der Menschen.

Im Krieg

War is hell – Krieg, das ist die Hölle.

General William T. Sherman

Die Deutschen, die in Hitler den »Friedenskanzler« gesehen hatten, folgten ihm in den Krieg. Sie kämpften an der Front mit Heldenmut und Aufopferungsbereitschaft. In der Heimat, die unter den Bombenangriffen der feindlichen Luftwaffen auch zum Kriegsschauplatz geworden war, zeigten sie den gleichen Mut und die gleiche Opferbereitschaft, mit der sie in schlimmsten Gefahren und höchster Not bis zum bitteren Ende »durchhielten«, wie es die nationalsozialistische Führung von ihnen forderte.

Es war aber nicht nur der Glaube an den Führer, die Ausrichtung ihres Denkens und Fühlens durch die von den Nationalsozialisten verkündeten und ihnen eingehämmerten Ideen, die Haltung und Handeln der Deutschen bestimmten. Die Gegner Hitlers im Ausland, die zugleich Gegner Deutschlands waren, hatten das ihre dazu beigetragen, daß die Deutschen den Krieg, den Hitler herbeiführte, nicht als einen Willkürakt des »Führers« erkannten, sondern daß sie ihn als die Folge einer verhängnisvollen Entwicklung ansehen mußten, in die ihr Land durch die feindselige Einstellung seiner Gegner getrieben wurde und in der es keine andere Entscheidungsmöglichkeit gab als den Schritt zum Kriege. Ebensowenig konnten sie, die ausharrten, im Verlauf des Krieges und selbst noch in dessen letzten Wochen andere Entscheidungsmöglichkeiten erblicken als durchzuhalten.

Für Hitler selbst war der Weg zum Kriege klar vorgezeichnet. Sein erstes außenpolitisches Ziel war die Befreiung Deutschlands aus den Fesseln des Versailler Diktats und der Zusammenschluß mit Österreich, den die Siegermächte des Ersten Weltkrieges verboten hatten. Er wußte, daß mit der schnellen Verfolgung dieses Ziels das Risiko eines Krieges verbunden war. Seine beiden anderen, miteinander verbundenen außenpolitischen Ziele, die Ausschaltung der Gefahr des Kommunismus durch Zerschlagung der Sowjetunion und die Schaffung eines »germanischen« Reiches im Osten, konnten, daran hatte er keinen Zweifel, nur durch einen Krieg erreicht werden.

In »Mein Kampf« hatte Hitler ausgesprochen, daß er ein größeres Deutschland als ein Reich in den Grenzen von 1914 wollte. »Nur ein genügend großer Raum auf dieser Erde sichert einem Volk die Freiheit des Daseins«, hatte er in dem Kapitel »Ostorientierung oder Ostpolitik« geschrieben. Und weiter: »Wenn die nationalsozialistische Bewegung wirklich die Weihe einer großen Mission für unser Volk vor der Geschichte erhalten will, muß sie ... den Kampf aufnehmen ..., den Mut finden, unser Volk und seine Kraft zu sammeln zum Vormarsch auf jener Straße, die aus der heutigen Beengtheit des Lebensraumes dieses Volkes hinausführt zu neuem Grund und Boden und damit auch für immer von der Gefahr befreit, auf dieser Erde zu vergehen oder als Sklavenvolk die Dienste anderer besorgen zu müssen.«

Das war eine unmißverständliche Erklärung der Absicht zu einem Eroberungskrieg im Osten. Doch wer hatte dies gelesen? Und wer von denen, die es gelesen hatten, glaubte an die Entschlossenheit Hitlers, diese Absicht zu verwirklichen? Er selbst hütete sich, als er die Regierung übernommen hatte, dieses sein Ziel laut zu verkünden, weil er wußte, daß er hierfür schwerlich eine ausreichende Gefolgschaft finden würde. Deshalb stellte er sich als der »Friedenskanzler« dar. Es gelang ihm auch, Bedenken der Militärs, daß er sich in ein kriegerisches Abenteuer stürzen könnte, zu zerstreuen.

Eine stärkere Rüstung, als sie nach dem Versailler Diktat Deutschland zugestanden wurde, hatten die Regierungen der Weimarer Republik von Anfang an für notwendig gehalten. Sie hatten deshalb neben der Reichswehr und der Marine im geheimen eine »schwarze Reichswehr« aufgebaut, in der militärische Einheiten gehalten und militärische und vormilitärische Ausbildung zur späteren Auffüllung der Reichswehr betrieben wurde. Einigen Reedern wurden Mittel zum Erwerb und Unterhalt von Schiffen zur Verfügung gestellt, die im Bedarfsfalle für militärische Zwecke eingesetzt werden konnten. Panzerwagen, die der Reichswehr verboten waren, wurden heimlich hergestellt. In Rußland wurden die Panzersoldaten, in Schweden Piloten für eine künftige deutsche Luftwaffe ausgebildet.

Die Führung der Wehrmacht begrüßte es – wenn auch mit mehr oder minder großen Bedenken einzelner –, daß Hitler sogleich nach der Regierungsübernahme den Ausbau der Streitkräfte energisch und großzügig verstärkte und sich dabei nicht scheute, offener, als es bisher geschehen war, die in Versailles gesetzten Grenzen zu überschreiten. Die Meinung der führenden Männer der Wehrmacht war nicht einhellig und im Verlauf der Jahre schwankend bei einzelnen Personen, die bald mehr positiv, bald mehr negativ das Vorgehen Hitlers beurteilten.

Wohin Hitler wirklich strebte, darüber gingen in der Wehrmachtsführung die Ansichten auseinander und wechselten auch mehrfach. Die große Frage war, welche Risiken er heraufbeschwor. Die Kritiker und Skeptiker überlegten, bis zu welchem Ausmaß und wie lange die Siegermächte des Ersten Weltkrieges die Wiederaufrüstung Deutschlands hinnehmen würden, ohne darauf mit militärischen Gegenmaßnahmen zu reagieren, die einen Kriegsausbruch heraufbeschwören könnten.

Sie erlebten es dann aber bald, daß weder Großbritannien noch Frankreich sich dazu entschließen konnten, entschieden gegen Hitlers Vorgehen aufzutreten. Sie waren dafür militärisch nicht vorbereitet, und ihre Bevölkerung war zu keinem Waffengang bereit. Angesichts dessen wollten die Regierungen in London und Paris auch nichts von einer Notwendigkeit zu einem frühzeitigen Einschreiten gegen Hitlers Rüstungspolitik wissen. Das um so weniger, als Hitler nach jedem seiner Schritte zur Rüstung sogleich auch Schritte zur Bekundung seiner Verständigungsbereitschaft unternahm.

Nachdem Deutschland im Oktober 1933 die Abrüstungskonferenz in Genf verlassen hatte – wozu die intransigente Haltung Frankreichs einen begründeten Anlaß gegeben hatte –, sandte Hitler im Mai 1934 als Sonderbeauftragten Joachim von Ribbentrop zu Abrüstungsverhandlungen nach London. Zehn Monate später, am 16. März 1935, gab Hitler die Einführung der allgemeinen Wehrpflicht bekannt. Das war eine eindeutige Erklärung, daß sich Deutschland nicht mehr an die Bestimmungen von Versailles gebunden fühlte. Dagegen protestierten als erste die britische und die italienische Regierung; andere folgten. Am 17. April 1935 verurteilte der Völkerbund diesen Schritt.

Aber außer diesen Protesten geschah nichts. Der zeitweilig unterbrochene gegenseitige Offiziersaustausch zwischen britischen und deutschen Truppen wurde Ende April 1935 wieder aufgenommen. Nachdem im Mai das Gesetz über die Einführung der Wehrpflicht ergangen war, erklärte die britische Regierung, daß dieser Vorgang »geprüft« würde, und die italienische forderte von Deutschland eine »Klärung«. Doch dabei blieb es. Wenige Tage später konnte von Ribbentrop in London die Verhandlungen über ein deutsch-britisches Flottenabkommen aufnehmen und in zwei Wochen zum erfolgreichen Abschluß bringen.

Zuvor, am 22. Mai 1935, dem gleichen Tage, an dem die britische und die italienische Regierung das Vorgehen Deutschlands prüfen und geklärt haben wollten, hielt Hitler eine Rede im Reichstag, in der er ein »Friedensprogramm« – in dreizehn Punkten konkret formuliert – darlegte. Friedens- und Verständigungsbereitschaft bekundete Hitler vor allem auch dadurch, daß er die Begegnungen von deutschen Frontkämpfern mit französischen und britischen förderte.

Die Skeptiker in der Wehrmachtsführung hatten im Frühjahr 1936 ersten Anlaß zur Besorgnis über Hitlers Risikobereitschaft. Am 7. März verkündete er, daß er sich nicht mehr durch die Bestimmungen des Locarno-Vertrages von 1925 über ein gegenseitiges Sicherheitssystem in Westeuropa und die Entmilitarisierung des Rheinlandes gebunden fühlte. Die Herausforderung der Vertragspartner – Belgien, Frankreich, Großbritannien und Italien – suchte er dadurch zu mildern, daß er ihnen einen Nichtangriffspakt anbot.

Am Mittag des gleichen Tages ließ er Truppen in das Rheinland einrücken. Wieder gab es nur Proteste und keine Gegenmaßnahmen. Doch im Vergleich zu den voraufgegangenen Schritten Hitlers, mit denen er sich über die Bestimmungen von Versailles hinwegsetzte, hatte der Bruch des Locarno-Vertrages, eines von Deutschland ausgehandelten und nicht »diktierten« Abkommens, eine weitaus stärkere Wirkung im Ausland. Der Glaube an eine Friedensbereitschaft Hitlers kam ins Wanken, und die anderen Staaten begannen, sich auf eine militärische Auseinandersetzung mit Deutschland vorzubereiten.

Frankreich brachte den Bau seiner Befestigungszone, der »Maginot-Linie«, zum Abschluß. Vor allem ließ es seine Verbindungen mit den Staaten der »Kleinen Entente« – Tschechoslowakei, Rumänien, Jugoslawien – und mit Polen wieder deutlicher aufleben und zeigte sich bemüht um die wirtschaftliche sowie militärische Stärkung dieser Staaten. In Großbritannien, wo die Regierung schon 1935 unter dem Eindruck der Folgen seiner militärischen Schwäche beim Ausbruch des Krieges Italiens gegen Abessinien begonnen hatte, die Rüstung etwas zu verbessern, machte sich eine antideutsche Propaganda mit der Forderung nach beschleunigter Aufrüstung geltend.

Das engere Zusammengehen Deutschlands mit Italien – am 24. Oktober 1936 wurde das Bestehen der »Achse Berlin–Rom« verkündet – ließ in London die Kritik an dem ungenügenden Zustand der militärischen Bereitschaft zunehmen. Das führte im Februar 1937 zum Beschluß wesentlich erhöhter Rüstungsausgaben, für deren Finanzierung das Parlament die Auflegung einer hohen Rüstungsanleihe bewilligte. Der Abschluß eines neuen deutsch-britischen Flottenabkommens im Mai 1937 wurde dadurch aber nicht behindert. Die Sowjetunion hatte zu Beginn des Jahres 1937 mit einer – erneuten – Verstärkung ihrer Rüstung begonnen.

In der Führung der Wehrmacht wuchs im Verlauf der Jahre 1936 und 1937 die Besorgnis über die Folgen des von Hitler verfolgten Kurses. Generale, die zunächst die Verbesserung der Rüstung begrüßt hatten, wurden zu Kritikern, als sie erkannten, daß die Stärke der Wehrmacht über das Ausmaß hinaus ausgedehnt wurde, das sie als notwendig für die Verteidigungsbereitschaft Deutschlands ansahen. Was darüber hinausging, war eine Vorbereitung auf einen Angriffskrieg, den sie nicht wollten.

Selbst der Reichskriegsminister Werner von Blomberg teilte diese Auffassung. Er unternahm aber selber nichts, um Hitler auf seinem Wege aufzuhalten. Er stimmte lediglich Hjalmar Schacht zu, als dieser versuchte, die Verstärkung der Rüstung dadurch aufzuhalten, daß er, nachdem seiner Auffassung nach das erforderliche Ausmaß der Rüstung erreicht war, keine weiteren Mittel der Reichsbank für die Rüstungsfinanzierung mehr bereitstellte. Für Hitler war dies aber kein Hindernis, sein Vorhaben fortzuführen. Er ließ die benötigten Finanzierungsmittel durch den Finanzminister über Anleihen beschaffen, deren Auflegung die Reichsbank nicht unterbinden konnte.

Als Hitler am 5. November 1937 den Spitzen der Wehrmacht – dem Reichskriegsminister Generalfeldmarschall von Blomberg, dem Generaladmiral Raeder und den Generalobersten von Fritsch und Göring in Anwesenheit des Außenministers von Neurath und von Hitlers Chefadjutanten, Oberst Hossbach, der hierüber das Protokoll führte – seine Absicht mitteilte, »durch Angriffe auf die Tschechei und Österreich« die sudetendeutsche Frage zu lösen und den Anschluß zu verwirklichen, stieß er auf Bedenken und war enttäuscht, daß er keine Zustimmung fand.

Unter Angehörigen der Wehrmachtsführung hielten mehrere, als sie von Hitlers Plänen Kenntnis bekamen, es jetzt für notwendig, sein Vorgehen zu unterbinden. Nur wußte keiner, was getan werden konnte. In dieser Situation zog eine ernste Krise für die Wehrmachtsführung herauf. Von Blomberg vermählte sich mit einer Dame zweifelhaften Rufes und hatte Hitler und Göring als Trauzeugen herangezogen. Als das Vorleben seiner Gattin bekannt wurde, mußte er am 24. Januar 1938 als Kriegsminister zurücktreten.

Am gleichen Tage wurde von Fritsch, der aufgrund falscher Aussagen der Homosexualität beschuldigt worden war, von seinem Posten als Oberbefehlshaber des Heeres beurlaubt.

Die Beschuldigungen stellten sich zwar später als haltlos heraus, und von Fritsch wurde sieben Wochen später persönlich rehabilitiert. Doch die »Blomberg-Fritsch-Krise« gab Hitler die Möglichkeit, die Wehrmacht noch stärker an seine Person zu binden und selbst die Führung auszuüben. Am 4. Februar 1938 übernahm er die Stellung des »Obersten Befehlshabers der Wehrmacht«. Das bisherige »Wehrmachtsamt« bildete er um zum »Oberkommando der Wehrmacht« (OKW). An dessen Spitze stellte er den General der Artillerie Wilhelm Keitel, der damit zum obersten militärischen Berater Hitlers wurde, aber ein folgsamer Untergebener war. Zum neuen Oberbefehlshaber des Heeres anstelle von Fritschs ernannte er den General der Artillerie Walter von Brauchitsch.

Gleichzeitig wurden sechzehn Generale vorzeitig in Pension geschickt und vierundvierzig auf andere Posten versetzt. Der Mißstimmung, die dadurch in der Wehrmacht zu entstehen drohte, wirkte Hitler durch einen »Generalsschub« entgegen: Zahlreiche neue Ernennungen und Beförderungen führten ihm Anhänger zu und bestärkten die Treue seiner Gefolgsleute. Er hatte die Wehrmachtsführung jetzt stärker hinter sich als vor der Krise. Wer ihn nun noch aufhalten wollte, sah dafür geringere Chancen als zuvor.

Am 4. Februar 1938 bildete Hitler auch die Reichsregierung um. An die Spitze des Reichswirtschaftsministeriums trat Walther Funk, nachdem Schacht schon im November 1937 von dieser Aufgabe entbunden worden war. Außenminister von Neurath wurde durch von Ribbentrop abgelöst, der zuletzt Botschafter in London gewesen war, auf diesem Posten aber keinen Erfolg mehr über das Flottenabkommen hinaus hatte erreichen können. Mit der Kabinettsumbildung hatte Hitler zwei Männer aus der Reichsregierung ausgeschlossen, die seinen Kurs nicht mehr billigten und ihm deshalb unbequem geworden waren.

Die Wehrmachtsführung und Regierung fest in seiner Hand, bereitete Hitler die militärischen Aktionen gegen Österreich und die Tschechoslowakei vor, so wie er es am 5. November 1937 vorgetragen hatte. Doch die Wehrmacht brauchte in Österreich nicht zum Kampf anzutreten. Ihr Einmarsch am 12. März 1938 war ein Triumphzug. Die Bevölkerung des Landes begrüßte sie begeistert, und keine Macht trat ihr entgegen. Den Zusammenschluß, den die Alliierten 1919 dem österreichischen und dem deutschen Volk – völkerrechts- und vertragswidrig – verweigert hatten, den sie einer demokratischen Regierung unter Brüning nicht erlaubt hatten – und womit sie, vor allem Frankreich mit seiner unbeugsamen Haltung, die große Wirtschaftskrise mit ihren verhängnisvollen Auswirkungen heraufbeschworen hatten –, ließen sie jetzt von Hitler vollziehen.

Die Skeptiker in den Kreisen der Wehrmachtsführung befürchteten, daß bei einem Vorgehen gegen die Tschechoslowakei Hitler kein ähnlicher Triumph beschert sein, sondern daß er hier auf einen entschiedenen Widerstand stoßen würde. Sie befürchteten weiter, daß die Wehrmacht nicht stark genug sei, sich bei einem Eingreifen Frankreichs und anderer Staaten behaupten zu können.

Der Chef des Generalstabes, Ludwig Beck, der unter Hitler vom General der Artillerie zum Generaloberst befördert worden war, legte Hitler am 5. Mai 1938 eine erste und am 16. Juli eine zweite Denkschrift vor, in denen er vor einer Fortsetzung der Politik warnte, die zum Ausbruch eines Krieges führen könnte. Er führte aus, daß Deutschland in einem Krieg unterliegen würde. Hitler ließ darauf am 10.

August 1938 führende Generale zu einer Besprechung auf den Berghof kommen und hielt ihnen dort »Defätismus« vor. Er erklärte, daß die Wehrmacht in der Lage sei, sich gegenüber Angriffen anderer Mächte zu behaupten.

Beck trat danach am 27. August 1938 von seiner Stellung als Generalstabschef zurück. Sein Nachfolger wurde Generaloberst Franz Halder. Aber auch Halder, zusammen mit von Brauchitsch, versuchte, Hitler von einem Krieg gegen die Tschechoslowakei abzuraten. In dieser kritischen Zeit nahmen hohe Offiziere miteinander und mit einigen anderen Personen Fühlung und besprachen, wie Hitler durch einen Staatsstreich ausgeschaltet werden könnte.

Doch bevor sie handlungsfähig waren, hatte Hitler einen neuen Triumph zu verzeichnen. Im »Münchener Abkommen« erklärten die Regierungen von Frankreich und Großbritannien, der Staaten also, die der Tschechoslowakei ihren Bestand garantiert hatten, zusammen mit Italien in der Nacht vom 29. zum 30. September 1938, daß das Sudetenland an Deutschland und weitere Teile des Landes an Polen und Ungarn abzutreten seien. Dazu enthielt das Abkommen noch eine deutsch-britische Nichtangriffserklärung.

Hitler fand danach in Wehrmachtskreisen nur noch wenig Widerstand, als er auf eine verstärkte Vorbereitung eines Krieges gegen Polen sowie die Sowjetunion hinarbeitete. Der am schwersten wiegende Einwand gegen Hitlers Pläne war das Risiko eines Zweifrontenkrieges, dessen Gefahren Hitler in »Mein Kampf« selbst sehr eindringlich dargelegt hatte. Im Westen wurde die militärische Kraft Frankreichs nicht hoch eingeschätzt. Ernster wurde die Möglichkeit eines Eingreifens von Großbritannien beurteilt. Im September 1938 legte der General der Flieger Helmut Felmy eine Untersuchung vor über die »Führung des Luftkrieges gegen England«, die zu dem Ergebnis gelangte, daß die deutsche Luftwaffe mit den ihr zur Verfügung stehenden Mitteln England nicht schlagen könnte.

Ostfront war für Hitlers militärische Überlegungen nicht nur Polen, sondern zur Hauptsache die Sowjetunion. Sein Vorhaben, die Sowjetunion anzugreifen, stieß anfänglich auf einhellige Kritik der Generale. Sie hielten eine solche Aktion für aussichtslos und verhängnisvoll. Doch es gelang Hitler, zunächst einzelne, dann aber die Mehrheit der führenden Männer der Wehrmacht davon zu überzeugen, daß die Rote Armee geschlagen werden könnte. Er selbst war in dieser Überzeugung durch die Berichte, die ihm zugeleitet wurden, überzeugt worden, und er verstand es, diese Überzeugung auf andere zu übertragen.

Seit dem Frühjahr 1938 konnte er darauf hinweisen, daß durch die Verbindung mit Rumänien – wo König Carol II. seit dem März 1938 diktatorisch regierte – die Sowjetunion auch im Süden ihrer Westgrenze angegriffen werden könnte. Dadurch war sie wesentlich stärker verwundbar geworden, als sie es bis dahin war. Dieser Tatbestand überzeugte mehrere Generale von der Verwundbarkeit der Sowjetunion.

Der von Göring verfolgten Politik, Polen für einen gemeinsamen Angriff gegen die Sowjetunion zu gewinnen, hatten führende Wehrmachtskreise niemals eine größere Erfolgschance gegeben. Sie wußten, das Verhalten Marschall Pilsudskis war darauf ausgerichtet, zu vermeiden, daß Polen bei Ausbruch eines neuen großen Krieges – mit dem er rechnete – gleich zu Beginn darin verwickelt würde, weil sich dies für das Land verhängnisvoll auswirken müßte. Deshalb war er – nach dem Fehlschlag mit seiner Aktion auf der Westerplatte 1933 – bemüht, gegenüber Deutschland wie gegenüber der Sowjetunion hinhaltend zu operieren.

Nach seinem Tode setzte sein treuester Gefolgsmann, Oberst Josef Beck, als Außenminister diese Politik fort und zeigte Göring, den er gern nach Polen einlud, größtes Entgegenkommen. Aber weder Beck noch ein anderer Pole war bereit, den »Korridor« oder andere Gebiete im Westen Polens den Deutschen zu überlassen und sich dafür, wie es Göring anbot, durch Gebietserwerbungen im Osten entschädigen zu lassen.

Mit einer Unterstützung durch Polen war bei einem Kriege gegen die Sowjetunion nicht zu rechnen. Doch die Mehrzahl der Berichte der deutschen Botschaft in Moskau wie die Mehrzahl der Berichte der Abwehrabteilung des Reichskriegsministeriums – seit 1938 dem Oberkommando der Wehrmacht unterstellt – hatten das Bild einer im Inneren schwachen Sowjetunion und einer geschwächten Roten Armee gezeichnet. Unter Verwendung der Veröffentlichungen in der sowjetischen Presse, in denen Mißgriffe in der Wirtschaft und Mängel in der Planerfüllung ständig scharf kritisiert wurden, waren in den Berichten aus Moskau überwiegend die Schwächen und weniger die Stärken der sowjetischen Wirtschaft dargelegt worden. Danach konnte die Sowjetunion keine leistungsfähige Rüstungsindustrie haben. Die Annahme, daß solche Darstellungen in Berlin gern gelesen würden, hat wohl auch zu ihrer Färbung beigetragen. Lediglich in den Untersuchungen der Rüstungs- und Wirtschaftsinspektion war bemerkt worden, daß im Kaukasusbereich größere, nicht genauer festgestellte Rüstungsbetriebe vorhanden sein mußten.

Ähnlich hatte die Abwehr in ihren Berichten stärker auf Mängel der Roten Armee als auf den Ausbau ihrer Schlagkraft hingewiesen. Außerdem wurde als sicher angenommen, daß nach der Hinrichtung des Marschalls Michail Tuchatschewski und einer großen Anzahl von Kommandeuren und anderen führenden Offizieren die Kampffähigkeit der Truppe erheblich gemindert sein würde. Auch hier gab es einige – aus der Ukraine kommende – von der allgemeinen Linie abweichende Berichte der Abwehr, die auf eine größere Leistungsfähigkeit hinwiesen, denen aber gegenüber den vielen anderen Meldungen weniger Beachtung geschenkt wurde.

Aus der Gesamtheit der vorliegenden Berichte konnte Hitler schließen, daß die Sowjetunion, ungeachtet ihrer Flächengröße, der Größe ihrer Einwohnerzahl und der zahlenmäßigen Größe ihrer Armee, keine starke, unüberwindbare Macht sei, die nicht durch einen schnellen Angriff geschlagen werden konnte. Als er dann später, im Frühjahr 1941, aus der Moskauer Botschaft Berichte erhielt, in denen vor einem Krieg gegen die Sowjetunion mit Hinweis auf ihre Stärke gewarnt wurde, glaubte er – und hatte bei dem krassen Unterschied dieser Berichte gegenüber den früheren Anlaß zu dem Glauben –, daß der Botschafter und seine Mitarbeiter »die Nerven verloren« hätten.

Außerhalb der Wehrmachtsführung und den Kreisen, die mit ihr in enger Verbindung standen, wurde nichts von Kriegsplanungen Hitlers und den Auseinandersetzungen über sie bekannt. Für die deutsche Bevölkerung blieb Hitler der Friedenskanzler, der keinen Krieg wollte und dem es gelingen würde, das Unrecht, das den Deutschen zugefügt wurde, auf friedlichem Wege zu beseitigen, so wie er es fertiggebracht hatte, die Fesseln des Versailler Diktats zu sprengen, ohne dadurch – wie seine Gegner es befürchtet und als unvermeidbar dargestellt hatten – einen neuen Krieg heraufzubeschwören.

Das Nationalgefühl, das weitaus die meisten Deutschen erfüllte – nachdem es der Nationalsozialismus auch bei denen wieder hatte aufleben lassen, bei denen es in der Weimarer Zeit zurückgedrängt und eingeschlagen war –, ließ die Menschen, die innerhalb der Reichsgrenzen lebten, mitfühlen und mitleiden, was Deutschen widerfuhr, die als »Minderheiten« in anderen Staaten leben, und wie sie dort völkerrechtswidrig und entgegen allen Zusagen ständiger Drangsalierung ausgesetzt waren.

In den Verträgen nach Abschluß des Ersten Weltkrieges, in denen deutsches Gebiet und Gebiet der ehemaligen österreich-ungarischen Monarchie mit deutscher Bevölkerung anderen Staaten – Polen, Litauen, der Tschechoslowakei, Jugoslawien und Rumänien – zugesprochen oder – wie im Falle des Memellandes – einem Zugriff preisgegeben wurde, waren ausdrücklich Bestimmungen zum Schutze dieser deutschen und zugleich auch anderer völkischer und religiöser Minderheiten gegen willkürliche Unterdrükkungsmaßnahmen der sie beherrschenden Regierungen enthalten.

In den meisten Fällen war eine Überwachung der Einhaltung dieser Schutzbestimmungen durch den Völkerbund vorgesehen. Doch weder die Signatarstaaten noch der Völkerbund schritten gegen die ständigen Übergriffe und die Unterdrückung der deutschen Minderheit ein; sie ließen vielmehr ungeahndete Terrorhandlungen gegen sie zu. Das Höchste war, daß Beschwerden angehört und gelegentlich Untersuchungskommissionen eingesetzt wurden, deren Untersuchungen aber im Sande verliefen.

Die Weltöffentlichkeit zeigte wenig Verständnis dafür, daß die Deutschen die Abtrennung Ostpreußens durch den »polnischen Korridor« als einen auf die Dauer untragbaren Zustand empfanden, nachdem Polen den Durchgangsverkehr – für den Deutschland hohe Abgaben zu leisten hatte – mehrfach behinderte. Dagegen kritisierte keine ausländische Stimme das Vorgehen des polnischen »Westverbandes«, der immer wieder seine Forderungen verkündete, daß Masuren – dessen Bevölkerung sich eindeutig für ihre Zugehörigkeit zu Deutschland ausgesprochen hatte –, dazu Ermland, das Danziger Gebiet und weitere deutsche Landesteile Polen einverleibt werden sollten, und der ständig eine aufhetzende Propaganda gegen die in Polen lebenden Deutschen betrieb.

Angesichts der Unterdrückungsmaßnahmen und des Terrors der Tschechen gegen die deutsche Bevölkerung des Sudetenlandes begrüßte die große Mehrheit der deutschen Bevölkerung das entschiedene Auftreten Hitlers gegen die tschechische Regierung. Manch einer bangte zwar, daß es zum Kriege mit Frankreich und England führen könnte, wenn diese Staaten der Tschechoslowakei zur Hilfe kommen würden. Es wurde deswegen aber keine Kritik an Hitler laut, weil die meisten sich zu einer Hilfe für ihre in Not geratenen Volksgenossen im Sudetenland verpflichtet fühlten. Als Hitler den Anschluß mit Österreich vollzog, tauchte kaum eine Kriegsfurcht auf. Die Deutschen waren sicher, daß der Führer diese Aufgabe ohne Gefahr lösen würde.

Als der Konflikt mit Polen sich zuspitzte, war die Haltung der deutschen Bevölkerung ähnlich wie zur Zeit der Sudetenkrise. Die Furcht vor einem Kriege bestand, jedoch auch die Hoffnung, daß der Führer auch diesmal eine friedliche Lösung finden würde. Die Schuld daran, daß sie dahinschwand, wurde aber nicht Hitler gegeben, sondern den Feindstaaten. Es bedurfte keiner besonderen Propagandageschicktheit, um die Bevölkerung davon zu überzeugen, nachdem sie so lange erlebt hatte, wie alle begründeten Rechte der Deutschen von ihnen mißachtet worden waren. Die letzten Nachrichten von Hetzparolen und Übergriffen der Polen gegen die deutsche Minderheit – am 25. August 1939 wurden siebenundzwanzig Volksdeutsche von polnischen Gendarmen als »Kriegsdienstverweigerer« erschossen – erhärteten nur noch die Überzeugung, daß die anhaltende Mißachtung der Rechte von Deutschen nicht länger hingenommen werden dürfte.

Die Bevölkerung war in dieser Haltung bereit, mit ganzem Einsatz – jedoch ohne jede Begeisterung – in den Krieg zu ziehen und ihn durchzustehen. Bereitschaft bestand auch für den Kampf gegen die Sowjetunion. Es war noch in Erinnerung, wie groß 1918/19 und auch noch in den folgenden Jahren die Gefahr gewesen war, daß Deutschland unter kommunistische Herrschaft kam. Und die Menschen in Deutschland – wie auch in anderen Staaten – waren sich damals dessen bewußt, was eine kommunistische Herrschaft für sie bedeuten würde. Die nationalsozialistische Propaganda hatte zudem mit Nachdruck und Erfolg die kommunistische Gefahr herausgestellt, so daß ein Krieg gegen die Sowjetunion wie ein Kreuzzug als Rettungstat für die westliche Kultur und für die ganze Menschheit angesehen wurde.

Es waren damals keineswegs nur die Deutschen, die Hitler hier Gefolgschaft leisteten, die eine Zerschlagung der Sowjetunion zur Rettung der Welt vor der kommunistischen Gefahr für notwendig ansahen. In anderen Ländern gab es ebenfalls gewichtige Kreise, die für entschiedenere Bekämpfung des Kommunismus eintraten. Auch in der Beurteilung der Widerstandskraft der Sowjetunion und der Roten Armee standen Hitler und die Männer der Wehrmachtsführung, die einen Sieg im Osten für möglich hielten, nicht allein.

Der französische und der britische Generalstab arbeiteten nach dem Ausbruch des Krieges im Herbst und im Winter 1939/40 Pläne zur »Zerschlagung« der Sowjetunion aus, mit denen sie verhindern wollten, daß Deutschland bei dem bevorstehenden Kampf an der Westfront von der Sowjetunion mit der Lieferung von Rohstoffen und vor allem mit Erdöl aus dem Kaukasus eine Unterstützung erhalten könnten. In diesen Plänen wurde mit einer noch leichteren Überwindung des Widerstandes der Roten Armee gerechnet, als es Hitler und sein Generalstab angenommen hatten.

Der Sieg über Polen war so schnell gekommen, wie ihn die Bevölkerung erwartet hatte, oder noch schneller. Die Freude darüber blieb gedämpft, weil der Kampf im Westen drohte. Viele hatten, wie auch Hitler selbst, geglaubt, daß England nicht in den Krieg eintreten würde. Jetzt fragten sie sich, wie es möglich sein könnte, den Inselstaat zu schlagen, und ob die Amerikaner ihren Alliierten aus dem Ersten Weltkrieg nicht wieder zu Hilfe kommen würden.

Der rasche Sieg über Frankreich brachte dann Begeisterung und neue Zuversicht. Es sprach sich herum, daß Hitler selbst an der Planung des Angriffes gegen Frankreich maßgebend beteiligt gewesen war und daß er auch mehrere Phasen des Kampfes – entgegen anderen Vorschlägen kommandierender Generale – mit seinen Anweisungen bestimmt hatte. In Militärkreisen mag dieses Eingreifen kritisiert worden sein. Doch in der Bevölkerung stieg durch das, was sie darüber – an Richtigem oder Falschem – hörte und selber kombinierte, das Ansehen des Führers. Hatte der Feldzug doch so, wie er verlaufen war, schnell einen großen Sieg gebracht.

Jetzt würde auch England zu einem Frieden bereit sein – so glaubte man –, oder Hitler würde wissen, wie dieser Feind überwunden werden könnte. Statt dessen entschloß der Führer sich zum Krieg gegen die Sowjetunion. Das war für viele, viele eine herbe Enttäuschung. Aber das Ansehen Hitlers, der Glaube an ihn hatte ein solches Ausmaß angenommen, daß die Bevölkerung diese seine Entscheidung als wohl die einzig mögliche und also auch die richtige hinnahm. Die Zahl seiner Kritiker war nach dem Sieg über Frankreich – und dem seit Kriegsausbruch verschärften Zugriffen auf seine Gegner – klein geworden, und ihre Stimmen waren nicht mehr zu hören.

Der Krieg gegen die Sowjetunion brachte den gefürchteten Zwei-Fronten-Krieg. Das von Hitler und von den mit ihm übereinstimmenden Planern erwartete schnelle Niederringen der Roten Armee gelang nicht. Die Sowjetunion erhielt sogleich Materialhilfe aus den Vereinigten Staaten, und Großbritannien verstärkte die Luftangriffe, mit denen es schon 1940 begonnen hatte. Mit dem Eintritt der Vereinigten Staaten in den Krieg wurden die Luftangriffe immer stärker und machten die Heimat zur Front. Schließlich entstanden mit den Landungen der Briten und Amerikaner in Italien und Frankreich im Westen auch auf dem Lande die Fronten.

Alle Schrecknisse und Grauen des Krieges traten hervor. Sie wurden durch die Besonderheiten dieses Krieges ins Maßlose verschlimmert. Die Sowjetunion hatte die Haager und Genfer Kriegsrechtvereinbarungen nicht unterzeichnet, so daß im Krieg mit ihr das zwischen anderen Staaten – mehr oder weniger – angewandte Kriegsrecht nicht galt. Großbritannien setzte sich schon 1940 mit seinen Luftangriffen auf offene deutsche Städte über den festgelegten Grundsatz hinweg, daß nur verteidigte Ortschaften bombardiert werden dürften. Die Amerikaner folgten, als sie mit ihren Luftangriffen begannen, diesem Beispiel.

Winston Churchill, der seit Mai 1940 an der Spitze der britischen Regierung stand, gab am 3. September 1942 der britischen Luftwaffe den Befehl, Wohnviertel deutscher Städte mit Flächenbombardements anzugreifen, um den Kampfgeist der Bevölkerung zu untergraben. Dieser Befehl war eine eindeutige Verletzung des Völkerrechts und forderte die deutschen Vergeltungsangriffe auf London und andere britische Städte heraus. Der deutsche Angriff auf Coventry am 14. September 1940 – nach dem fünften Angriff der britischen Luftwaffe auf Wohnviertel von Berlin – wurde dann von der britischen Propaganda als ein Völkerrechtsbruch der Deutschen gebrandmarkt.

Grausamkeiten besonderer Art brachten der Partisanenkrieg und die Sabotagehandlungen der Widerstandskämpfer in den von deutschen Truppen besetzten Gebieten. Kriegsrechtsverletzungen und vielfältige Kriegsverbrechen häuften sich in einem erschreckenden Ausmaß. Was der Widerstandskämpfer als Heldentat bei der Bekämpfung seines Feindes ansah und wobei er von den Alliierten durch Waffenlieferungen und persönlichen Beistand unterstützt wurde, war eine grobe Verletzung des Völkerrechts, das kriegerische Handlungen der Zivilbevölkerung untersagt und die härtesten Gegenmaßnahmen zuläßt.

Härteste Gegenmaßnahmen wurden auch angewandt. Mit einer Härte, die nur zu oft – besonders mit Folterungen bei Verhören – zu schrecklichen Verstößen gegen die Menschenrechte führte. Doch nicht alles, was von der Feindpropaganda als deutsche Greueltat hingestellt wurde, war rechtswidrig. Erschießungen von Geiseln, deren Anordnung und Ausführung als Schreckensmaßnahme mit Abscheu gesehen wird, gehörte durchaus auch zu den von anderen als den deutschen Besatzungstruppen und Polizeiorganen angewandten und vorgesehenen Maßnahmen. Um ein Beispiel zu nennen: Als französische Truppen am Ende des Krieges in Süddeutschland eingerückt waren, verkündeten die Kommandanten in ihren Anordnungen:

> »Jede feindselige Handlung gegen die Besatzungsmacht zieht schwerste Folgen nach sich, z. B.:

> Verhängung der Todesstrafe, Erschießung von Geiseln, Niederbrennen von Gebäuden, aus denen geschossen worden ist, oder auch Niederbrennen der Umgebung von Häusern, aus denen geschossen worden ist.«

Es wurde verkündet:

> »Wenn ein Einwohner auf einen französischen Soldaten schießt, oder diesen angreift, werden 50 Bürger erschossen und die Stadt angezündet.«

Es liegt in der Natur des Menschen, daß bei höchster Gefahr und höchster Anspannung das Denken, das verstandesmäßige Handeln aussetzt und die Handlungen nur noch triebhaft und dann nicht von den besten, sondern eher den schlimmsten Trieben bestimmt werden. Man kann dies gewiß nicht gutheißen und als Entschuldigungsgrund anführen. Aber es ist so und kann als Erklärung – das heißt aber nicht: zur Rechtfertigung – dienen, daß im Kriege so viel Entsetzliches geschieht. Wer später, wenn Friede herrscht, sein Urteil über das fällt, was im Krieg geschehen ist, hat es schwer – ist wohl überhaupt nicht dazu in der Lage –, einen richtigen, gerechten Maßstab anzusetzen.

Die Feindmächte haben während des Krieges in ihrer Propaganda laufend über deutsche Kriegsverbrechen und Handlungen, die sie als solche hinstellten, berichtet. Das diente dazu, die Weltöffentlichkeit zu beeinflussen und im eigenen Lande die Kriegsbereitschaft anzuheizen. Zugleich sollte damit die Moral der deutschen Bevölkerung gebrochen werden, die über Rundfunk und auf anderen Wegen – wie mit Flugblättern – von dieser Propaganda erfaßt wurde. Die Wirkung aber war gering.

Sie bestärkte im wesentlichen nur die Gruppen und Kreise, die antinationalsozialistisch eingestellt waren, in ihrer Haltung. Wer Nationalsozialist und für den Nationalsozialismus gewonnen war, schenkte den Nachrichten der Feindpropaganda wenig Glauben. Hier wirkte nach, daß im Ersten Weltkrieg gegen Deutsche und Deutschland eine »Greuelpropaganda« mit Berichten betrieben worden war, die damals von den Deutschen sogleich oder später, als Genaueres über das Zustandekommen der Berichte zu erfahren war, als plumpe Lüge erkannt wurden.

Ähnlich erging es auch der Feindpropaganda mit vielen ihrer Behauptungen. Als sie, um einige krasse Beispiele zu nennen, der deutschen Kriegsführung vorwarfen, daß Rotterdam völkerrechtswidrig bombardiert wurde, konnte klar bewiesen werden, daß diese Stadt befestigt war und das Bombardement sofort eingestellt wurde, als die Parlamentäre des niederländischen Kommandanten die Kapitulation meldeten. Als besondere Greueltat wurde das deutsche Bombardment von Coventry herausgestellt, doch zu viele Deutsche hatten vordem die britischen Bombenangriffe selbst erlebt oder durch Verwandte und Bekannte davon Kenntnis erhalten, so daß für sie der Schlag gegen die britische Stadt keine Unrechtstat, sondern eine verdiente Vergeltung war.

Die Absicht der Briten und Amerikaner, mit ihren Vernichtungsangriffen auf offene Städte die Moral der Bevölkerung zu brechen, hatte nicht die gewünschte, eher eine gegenteilige Wirkung. Die Zehntausende von Todesopfern – von Kindern wie von Erwachsenen, von Frauen wie Männern – in Hamburg und Dresden erregten wohl Entsetzen und Furcht, aber auch Haß und Abscheu. Sie minderten nicht den Willen zum Aushalten, zum Durchhalten.

Wenn das feindliche Oberkommando damit gerechnet hatte, daß es durch die Tötung von Arbeitern und das Zerschlagen von Verkehrsverbindungen die Leistung der Rüstungsindustrie mindern würde, so ging diese Rechnung gegen Ende des Krieges wohl auf; doch dieses Ziel wurde weit langsamer erreicht, als seine Planer es errechnet hatten. Die Leidensfähigkeit und Leistungsfähigkeit der Deutschen an der Heimatfront war weit größer, als sie angenommen hatten.

Mit dem Scheitern der geplanten Vernichtungsanschläge gegen die Rote Armee im Herbst 1941 – als der Vorstoß in der Ukraine durch unerwartete Regengüsse im Schlamm steckenblieb, der Angriff auf Leningrad sich verzögerte und nicht, wie erwartet, durch einen Angriff der Finnen unterstützt wurde, und schließlich auch der Angriff auf Moskau zum Stocken kam – mehrten sich in der Wehrmachtsführung und nach einigen Angaben auch bei Hitler selbst die Zweifel, ob der Krieg gegen die Sowjetunion gewonnen werden könnte. Doch nach dem Winter 1941/42 schien das Kriegsglück auf seiten Hitlers zu stehen.

Im Sommer 1942 konnten deutsche Truppen weit in Feindesland vorstoßen. In der Sowjetunion bis zum Kaukasus; in Afrika setzte Generalfeldmarschall Erwin Rommel seinen Siegeszug bis zur Grenze Ägyptens fort. Dann aber kam mit dem Herbst die Wende. Ende Oktober 1942 wurde der Vormarsch Rommels aufgehalten, und Anfang November mußte er den Rückzug antreten. Etwa gleichzeitig errang die Rote Armee, die am 23. August 1942 zum Angriff auf Stalingrad angetreten war, dort durch vollständige Einschließung des »Kessels von Stalingrad« ihren ersten größeren Angriffserfolg. Am 31. Januar und am 2. Februar 1943 kapitulierten die eingeschlossenen Truppen nach schweren Verlusten und nachdem ihnen Munition und Lebensmittel ausgegangen waren.

Harte »Kesselschlachten« wurden im Winter 1942/43 auch an anderen Abschnitten der sowjetischen Front ausgetragen. Im Sommer 1943 versuchte die Wehrmacht noch einmal eine Offensive. Sie scheiterte im Juli 1943 im Raum von Kursk. Damit war im Osten eine Entscheidung gefallen. Kein weiterer Vormarsch war mehr möglich. Es konnte nur noch das Vordringen der Roten Armee verzögert werden. Auch an der Afrika-Front gab es nur noch Rückzug. Bald waren Landungen der westlichen Alliierten auf europäischem Boden zu erwarten. Die erste erfolgte am 10. Juli 1943 in Sizilien.

Hatte es danach noch einen Sinn, den Kampf fortzusetzen? Das mußte sich jeder in der Wehrmachtsführung – und auch Hitler – gefragt haben. Die Antwort auf diese Frage hatten Churchill und Roosevelt gegeben, als sie sich im Januar 1943 in Casablanca trafen und übereinkamen, daß der Krieg nur mit einer »bedingungslosen Kapitulation« Deutschlands und Italiens (unconditional surrender) beendet werden dürfte, und sich mit diesem Übereinkommen auch gegenüber Stalin festlegten.

Mit dieser Forderung der bedingungslosen Kapitulation war klargestellt, daß das Kriegsziel der Alliierten nicht nur die Beseitigung des Nationalsozialismus und irgendwelcher imperialistischen Ziele Deutschlands, sondern die Niederwerfung des deutschen Volkes war. Die Wehrmachtsführer, die noch nicht völlig verzweifelten, setzten den Kampf fort, um eine Lage herbeizuführen, in der vielleicht doch eine Möglichkeit zu Verhandlungen, zur Vermeidung des völligen Ausgeliefertseins der Willkür der Sieger erreicht werden konnte.

Eine Chance dafür wurde vor allem darin gesehen, daß den westlichen Alliierten ein zu starkes Gewicht der Sowjetunion ungelegen sein müßte und sie sich deshalb zu einem Verhandlungsfrieden mit Deutschland bereitfinden könnten, ungeachtet der Zusicherung der bedingungslosen Kapitulation, auf der Stalin unbedingt beharrte. Der Gedanke tauchte auf und fand Anhänger, daß die westlichen Alliierten sich sogar mit den Deutschen zu einem gemeinsamen Kampf gegen die Sowjetunion entschließen könnten.

Als die Alliierten nach geglückter Invasion auf französischem Boden im Westen immer weiter vordrangen und zu erkennen war, daß eine bedingungslose Kapitulation wohl nicht mehr zu vermeiden war, galten die letzten militärischen Anstrengungen dem Versuch, das Vordringen der Roten Armee, die mit ihrem Einrücken in deutsches Gebiet der Bevölkerung ein schreckliches Schicksal bereitete, aufzuhalten und möglichst vielen zur Flucht nach dem Westen zu verhelfen.

Unter dem Eindruck des schweren Kampfes um Stalingrad hatte Goebbels am 24. Januar 1943 den »totalen Krieg« verkündet und die Deutschen zu äußersten Anstrengungen aufgerufen. An Anstrengungen und Leistungen ließ es die Bevölkerung nicht fehlen. Viele glaubten bis zuletzt, daß der Führer noch eine Wende – mit einer »Wunderwaffe« glaubten manche – herbeiführen würde, daß doch noch ein »Endsieg« erreicht werden könnte. Viele – und zuletzt immer mehr – verzweifelten und hatten nur noch eine kleine Hoffnung, vom Allerschlimmsten bewahrt zu bleiben.

Aber was blieb ihnen anderes übrig, als bis zuletzt auszuhalten? Es gab keine Möglichkeit zu einem anderen Verhalten. Als die Truppen der Alliierten im Westen vordrangen, gaben einige Truppenkommandeure den Kampf auf, und die Bürgermeister von Städten widersetzten sich dem Befehl, ihre Ortschaften zu verteidigen. Doch selbst in dieser verzweifelten Lage wollten gläubige Nationalsozialisten die Treue zum Führer und ihre Zuversicht nicht aufgeben, daß er trotz allem einen Endsieg herbeiführen könnte, daß auf jeden Fall seine Entscheidungen richtig und seine Befehle auszuführen seien.

Wissende und Unwissende

Und vom Himmel erdenwärts
Senken sich mit schweren Schwingen
Unsichtbar die Ungetüme
Auf die Menschenherzen nieder …
Finstre, schwarze Riesenfalter.

Albert Giraud
deutsch: von Hartleben

Deutschland war, bevor Hitler zur Macht kam, ein Land, in dem ein weit schwächerer Antisemitismus zu spüren war als in den meisten anderen Ländern Europas. Lediglich in Norwegen, Schweden und Finnland war noch weniger davon zu merken; wahrscheinlich, weil dort der Anteil der Juden an der Gesamtbevölkerung sehr gering war und sie im Wirtschaftsleben und im Kulturleben keine stärker hervortretende Rolle spielten. Für Juden, die aus ost- und südosteuropäischen Ländern auswanderten, war Deutschland ein bevorzugtes Land.

Es konnte zwar nicht so viele Einwanderer aufnehmen und ihnen Existenzmöglichkeiten schaffen wie zu jener Zeit die Vereinigten Staaten. Aber den wirtschaftlich nicht ganz schlechtgestellten Juden bot es Aufstiegschancen mit der Aufnahme in fast alle Gesellschaftskreise. Vor allem brauchten sie in Deutschland kaum emotional aufbrechende Judenfeindschaft zu befürchten, die in Ost- und Südosteuropa immer wieder furchtbare Pogrome hervorgerufen hatte und einer der Hauptgründe für ihre Auswanderung war und die in romanischen Ländern nicht selten judenfeindliche Stimmungsaufwallungen hervorbrechen ließ. Auch die kalte Ablehnung breiter Bevölkerungskreise, wie sie in Großbritannien gegenüber Juden noch stärker als gegenüber anderen Nicht-Briten (aliens) bestand, war in Deutschland nicht anzutreffen.

Doch frei von Antisemitismus war Deutschland vor Hitler nicht. Es gab fanatische antisemitische Kreise und Gruppen, die von den Juden nur Unheil kommen sahen. Wer die Neigung hatte, hinter allem Bösen und Schlechten das Wirken geheimer Kräfte zu erkennen – und solche Menschen hat es überall und zu jeder Zeit gegeben, und es gibt sie weiterhin –, der erkannte die Juden als die schlimmsten solcher Kräfte. »Die Protokolle der Weisen von Zion« waren einer der am häufigsten zitierten »Beweise« für das Zutreffen dieser Annahmen.

Die Zahl fanatischer und aktiver Antisemiten in Deutschland und ihre Wirkung auf breitere Bevölkerungskreise war aber gering. Unabhängig davon – wenn auch sich berührend und in gewisser Weise zusammenwirkend – liegt in der menschlichen Natur die Neigung zu einer mit Mißtrauen verbundenen Zurückhaltung gegenüber dem Fremden, gegenüber dem anders Gearteten, sich anders Verhaltenden, der sich selbst auch anders betrachtet und sich selbst mehr oder weniger absondert. Diese Neigung mußte sich natürlich auch in Deutschland gegenüber den Juden auswirken. Sie bildete so etwas wie einen Nährboden, auf dem sich Antisemitismus entwickeln konnte, wenn er eingepflanzt wurde und bestimmte Vorgänge sein Wachstum förderten.

Gleich und gleich gesellt sich gern, sagt das Sprichwort. Der Ungleiche wird mit Vorbehalten betrachtet. Ihm gegenüber besteht die Gefahr eines Konfliktes, des Ausbruchs von Gegensätzen, selbst nach langer Zeit eines friedlichen Nebeneinanders und eines gedeihlichen Miteinander-Wirkens. Das Ungleich-Sein kann auf den verschiedensten Umständen beruhen: auf Standesunterschieden und Klassengegensätzen, auf Religion, Volkstum, Rassenzugehörigkeit und was auch immer. Der Angehörige einer anderen Gemeinschaft wird gefühlsmäßig fast immer anders betrachtet als der Angehörige der eigenen Gemeinschaft.

Rational, verstandesgemäß kann der einzelne dieses Gefühl zurückdrängen oder überspielen, doch er kann es wohl kaum ganz auslöschen. Es braucht nicht die Wertschätzung eines einzelnen oder auch vieler einzelner der anderen Gemeinschaft zu beeinträchtigen. Die deutlichsten Beweise dafür sind »Mischehen« zwischen Angehörigen verschiedener Religionen und Volksgruppen selbst dort, wo die Angehörigen dieser Religionen und Volksgruppen deutlich abgesondert nebeneinander oder sich gar gegenüberstehen.

Deshalb war es – und ist es – gar nichts Verwunderliches, wenn selbst Antisemiten den einen oder anderen Juden schätzten und mit ihm befreundet waren. Ebenso ist es auch zwischen Angehörigen verschiedener Volksgruppen oder verschiedener Rassen auch in Gegenden und zu Zeiten, in denen sie sich ablehnend oder sogar feindlich gegenüberstehen, nicht ungewöhnlich, daß persönliche Freundschaften die Grenzen zwischen Gruppen überspringen. Selbst Hitler verhielt sich zu dem jüdischen Arzt, der seine Mutter behandelt hatte, entgegenkommend und freundlich.

Es gibt in der Geschichte bis zur Gegenwart zahllose Beispiele dafür, wie im Zusammenleben verschiedener Gemeinschaften, das sich lange spannungslos und in einem engen und friedlichen Miteinander abgespielt hat, plötzlich Haß und Feindschaft bis zum hemmungslosen und brutalen Kampf ausbrechen und es zu Gewalt- und Greueltaten kommt, wie zu den Pogromen im Mittelalter oder im vergangenen und zu Beginn dieses Jahrhunderts in Ost- und Südosteuropa.

Eine Beeinträchtigung des Zusammenlebens unterschiedlicher Gemeinschaften, die über die in der menschlichen Natur liegende Zurückhaltung gegenüber Angehörigen anderer Gemeinschaften hinausgeht, ergibt sich dann, wenn die andere Gemeinschaft – besonders wenn es eine nicht bodenständige Minderheit ist – wirtschaftlich bessergestellt, »überlegen« ist und irgendwie erkennen läßt, daß sie sich auch kulturell und geistig überlegen fühlt.

Dieses Bewußtsein der Überlegenheit haben Juden sehr oft gezeigt. Es liegt schon in ihrer Religion, die sie sich als das »auserwählte Volk Gottes« fühlen läßt, und es wird durch ihre geistige Regsamkeit und wirtschaftliche Geschicklichkeit gestützt. Die Juden stehen mit diesem Überlegenheitsgefühl keineswegs allein da, wie es ja vielfach in der Welt Ablehnung von Minderheiten und Feindschaft gegen sie gibt, die durchaus dem Antisemitismus vergleichbar – weitgehend mit ihm übereinstimmend – ist.

Deutsche Minderheiten in Polen und im zaristischen Rußland haben dort, wenn sie mit ihrer Organisationsgabe und größerem Fleiß eine Überlegenheit gegenüber Polen, Ukrainern und Russen herauskehrten, die gleiche Ablehnung und Feindseligkeit wachgerufen wie die Juden. In Polen waren viele Sprichwörter gebräuchlich, in denen Deutsche und Juden – die zudem als Protestanten wie als Juden nicht den rechten, den katholischen Glauben hatten – gleichgesetzt wurden. Die Inder in Afrika und die Chinesen in malaiischen Ländern wecken mit ihrer wirtschaftlichen Überlegenheit und der Äußerung ihres Überlegenheitsgefühls, verbunden mit ihrer eigenen, nicht oder nicht voll angepaßten Lebensart, in der bodenständigen Bevölkerung gleiche Regungen einer bis zur Feindschaft gehenden Ablehnung.

Bevor Hitler zur Macht kam, bestand in breiten Bevölkerungsschichten Deutschlands wohl eine über gefühlsmäßige Vorbehalte gegenüber Angehörigen anderer Gemeinschaften teils bewußt, teil unterschwellig hinausgehende Gereiztheit über die Haltung der Juden, die ihr Überlegenheitsgefühl erkennen ließen. Sie zeigten dies auch darin, daß sie untereinander einen Zusammenhalt – und damit eine gewisse Absonderung gegenüber der nichtjüdischen Bevölkerung – pflegten, der über das durch ihre Religionsgemeinschaft bedingte Ausmaß hinausging.

Selbst Juden, die aus ihrer Religionsgemeinschaft ausschieden, »konfessionslos« wurden oder sich christlich – vornehmlich protestantisch, seltener katholisch – taufen ließen, behielten in Deutschland ihren Zusammenhalt untereinander und mit ihren früheren Glaubensgenossen – damit weiterhin die Absonderung gegenüber Nichtjuden – bei. Daran änderte auch wenig die Entwicklung, die in Deutschland – ähnlich zum Teil, aber nur zum Teil in anderen westeuropäischen Ländern – mit der Zurückdrängung der orthodoxen Religionsrichtung durch die »liberale« Richtung, die Religionsgemeinschaften nur noch eine bedingte, nicht mehr die ausschlaggebende Rolle für den Zusammenhalt der Juden spielen ließ.

In Ländern, in denen, wie in Polen und Rußland, die orthodoxe Religionsrichtung vorherrschte, wurde der Jude, der seine Religion aufgab, von der Gemeinde für »tot« erklärt. Er war, wie gestorben, aus ihrer Gemeinschaft ausgeschieden. Er trat jetzt völlig in die von ihm gewählte Religionsgemeinschaft ein; er gab sein Judentum auf und »integrierte« vollständig. Einzelne, die dies taten, entwickelten sich sogar – aufgrund der übernommenen Religion – zu Antisemiten. Mit Erstaunen mußten sie später feststellen, daß sie von nationalsozialistischen Antisemiten nicht anders angesehen und behandelt wurden als ihre früheren Glaubensbrüder.

Als Hitler zu erkennen gab, daß sein Antisemitismus sich nicht gegen Juden als Anhänger der mosaischen Religion, sondern gegen sie als semitische Rasse richtete, glaubten manche orthodoxe Juden, daß er von Gott gesandt sei, als »Geißel«, um die verlorenen Brüder wieder im rechten Glauben zu ihrem Volk zurückzuführen. Sie ahnten noch nicht, daß er auf die physische Vernichtung ihrer Rasse abzielte.

Bei allen gefühlsmäßigen Vorbehalten und der mehr oder minder stark geweckten Gereiztheit überwog in der deutschen Bevölkerung bei weitem die Toleranz, die Bereitschaft, mit den Juden zusammenzuleben, sie in ihrer Religionsgemeinschaft und in allem, was sie sonst zusammenhielt, gewähren zu lassen. Hitler mußte dies, als er auf dem Wege zur Macht war und noch in der ersten Zeit, nachdem er zur Macht gekommen war, spüren. Der Antisemitismus brachte ihm für die Gewinnung von Anhängern auf dem Wege zur Macht und danach für die Festigung seiner Macht nur begrenzten Nutzen. Um so mehr benutzte er seinen Einfluß auf seine Anhänger und die politische Macht, nachdem er sie erhalten hatte, dazu, Antisemitismus zu entfachen, wo er gar nicht vorhanden, und ihn zu stärken, wo er schon bestand.

In der politischen »Schulung« der Parteimitglieder und der Mitglieder der Organisationen der Partei wurde unablässig Antisemitismus gepredigt. Keine Gelegenheit wurde ungenutzt gelassen, um Juden herabzusetzen und Juden als Urheber aller gegen Deutsche und Deutschland gerichteten Maßnahmen erscheinen zu lassen. Gemessen am Umfang und der Massivität dieser antisemitischen Propaganda blieb ihr Erfolg gering im Vergleich zu den Propagandaerfolgen der Nationalsozialisten in anderen Bereichen. Aber sie blieb doch nicht ganz wirkungslos.

Eine Wirkung zeigte sich zuerst in verschiedenen SA-Einheiten. Man hatte die SA-Männer Lieder mit antisemitischen Texten singen lassen; wie zum Beispiel den Vers:

»Wenn der Sturmsoldat ins Feuer zieht,
Dann hat er frohen Mut,
Und wenn das Judenblut vom Messer spritzt,
Dann geht's noch mal so gut.
Die Juden und Marxisten
Die bringen uns kein Heil,
Den Severing und Genossen
Erschlagen wir mit dem Beil.«

Und mit dem Schlußrefrain:

»Blut muß fließen knüppeldick.
Wir pfeifen auf die Freiheit der Judenrepublik.«

Die meisten SA-Männer sangen solche Lieder, ohne die Worte ernst zu nehmen. Doch irgendwie gingen sie in das Unterbewußtsein der Sänger ein und drangen danach vor in ihr Bewußtsein. Als unmittelbar nach der Machtübernahme und dann wieder am 1. April 1933 einige – von der Führung hierfür geschickt ausgewählte – SA-Verbände den Befehl zu handgreiflichem Vorgehen gegen Juden und jüdische Geschäfte bekamen, machte sich in den Reihen der SA-Männer kein Widerstand, sondern nur bei einzelnen der Beteiligten ein Widerstreben gegen die Ausführung dieses Befehls geltend.

Dieses Widerstreben ging unter in dem gemeinschaftlichen Handeln der Trupps, die nach militärischem Vorbild zu bedingungsloser Befehlsübernahme und Befehlsausführung geschult waren. So zogen die zu diesen Aktionen befohlenen SA-Einheiten gegen die Juden los, wie sie vordem die Saal- und Straßenschlachten geschlagen hatten. Der Jude war für sie jetzt der Gegner des Nationalsozialismus, ihres Ideals, und ihres Führers. Jetzt galt es, ihn zu bekämpfen, wie vordem die Sozialisten und Kommunisten.

Viele SA-Männer, vornehmlich in Einheiten, die wohlweislich nicht für diese Aktionen eingesetzt wurden, waren über die judenfeindlichen Ausschreitungen ebenso entsetzt wie breite Kreise der Öffentlichkeit. Doch wer konnte Wirksames unternehmen? Die Polizei, fest in der Hand der Nationalsozialisten, schritt nicht ein, und die Staatsanwaltschaft sah sich nicht in der Lage, ohne polizeiliche Unterstützung vorzugehen. Dem einzelnen Bürger blieb angesichts dieser Haltung der Staatsorgane nur die – wie es sich für die meisten erst langsam herausstellte: falsche – Hoffnung, daß es nicht noch schlimmer kommen möge, sondern daß es sich hier nur um Nachwehen der Revolution handeln könnte.

Hitler erkannte, daß mit schnellem brutalen Vorgehen gegen die Juden keine neuen Anhänger des Antisemitismus gewonnen werden konnten. Er stellte seine Politik deshalb auf ein langsameres Vorgehen um zur Erreichung seines Zieles der völligen Ausschaltung der Juden. Im Zuge der Gleichschaltungspolitik verschwanden im Laufe der Jahre 1934 bis 1935 die Juden – mit anderen Gegnern des Nationalsozialismus – aus allen leitenden und bald danach aus sämtlichen Stellungen der Staatsverwaltung und des öffentlichen Lebens. Die Betätigung im Wirtschaftsleben wurden ihnen so erschwert, daß viele sich zur Auswanderung entschlossen.

Die Zielstrebigkeit, mit der Hitler und seine Mitarbeiter vorgingen, wurde von vielen Deutschen und selbst von vielen Juden nicht erkannt. Sie gaben sich der Hoffnung hin, daß es sich nur um »Übergangserscheinungen« handeln könnte, daß gerade in Deutschland auf die Dauer keine harte antisemitische Politik durchgeführt werden könnte.

Manch eine jüdische Familie, der sich eine günstige Möglichkeit zur Auswanderung bot, nahm sie nicht wahr. Ja, im Laufe des Jahres 1934 kamen sogar Juden wieder nach Deutschland zurück, die 1932 und 1933 in Erkenntnis der Gefahren, die ihnen drohten, ausgewandert waren und sich im Ausland eine neue Existenz gesichert hatten.

Am 15. September 1935 ergingen die »Nürnberger Gesetze«. Dies waren neben dem Reichsflaggengesetz – mit dem das Hakenkreuz in die Reichs- und in die Handelsflagge eingefügt wurde – ein »Reichsbürgergesetz« und »Gesetz zum Schutz des deutschen Blutes und der deutschen Ehre«. Das Reichsbürgergesetz bestimmte, daß die »arische Abstammung« Voraussetzung für volle Bürgerrechte und Anstellung im öffentlichen Dienst war, und das Gesetz zum Schutze deutschen Blutes brachte das Verbot der Heirat und des Geschlechtsverkehrs zwischen Juden und Nichtjuden und für Juden das Verbot, weibliche arische Hausangestellte zu beschäftigen sowie die deutsche Flagge zu hissen.

Damit waren die Juden entrechtet und aus der Gemeinschaft mit Deutschen ausgeschlossen. Den Nürnberger Gesetzen folgten eine Reihe von Einzelmaßnahmen, mit denen die Arbeits- und Lebensmöglichkeiten der Juden eingeschränkt wurden. Die Arbeitsfront sorgte dafür, daß ihnen die Betätigung in höher qualifizierten Berufen genommen wurde. Im Mai 1937 wurde den Universitäten die Zulassung von Juden zur Doktor-Promotion untersagt. Im April 1938 mußten sämtliche jüdischen Vermögen angemeldet und im Juni jüdische Geschäfte als solche gekennzeichnet werden. Im August mußten die Juden ihrem Vornamen die Namen Israel oder Sarah voraussetzen.

Konnten zunächst die Nürnberger Gesetze als eine Klarstellung und Abgrenzung des Rahmens angesehen werden, in dem die Juden in Deutschland weiter leben konnten – so eng dieser Rahmen auch gezogen war –, so ließen die weiteren Maßnahmen, zusammen mit der zunehmenden antisemitischen Hetzpropaganda erkennen, daß die nationalsozialistische Führung den Auszug der Juden aus Deutschland herbeiführen wollte.

Ganz deutlich wurde dies mit den antisemitischen Ausschreitungen in der Nacht vom 9. zum 10. November 1938, der »Kristallnacht«, in der abkommandierte SA-Trupps Synagogen demolierten und in Brand setzten, jüdische Geschäfte zerstörten, auch in Privatwohnungen eindrangen und Juden töteten. Die Zahl der Todesopfer dieser Nacht soll einundneunzig betragen haben. In den frühen Morgenstunden wurden Juden in großer Zahl – sie wird mit sechsundzwanzigtausend angegeben – in Konzentrationslager abtransportiert. Nur wer danach bereit war, auszuwandern und eine Genehmigung zur Einreise in ein anderes Land vorweisen konnte, wurde aus dem Lager entlassen.

Neben jenen Deutschen, die über das Vorgehen gegen die Juden entsetzt waren, gab es andere, die aus eigener antisemitischer Einstellung es begrüßten, daß Juden ausgeschaltet und zur Auswanderung genötigt wurden. Es gab auch andere, die – wie immer ihre politische und rassistische Überzeugung gewesen sein mag – ihren persönlichen Vorteil erkannten, wenn sie Stellungen erlangen konnten, die bisher von Juden besetzt waren, wenn sie den jüdischen Konkurrenten nicht mehr zu fürchten hatten oder gar sein Geschäft übernehmen konnten. So standen neben den Deutschen, die das Schicksal ihrer jüdischen Mitbürger nicht nur bedauerten, sondern auch bereit waren, ihnen zu helfen, wo sich nur eine Möglichkeit dazu bot, diejenigen, die sich an den antisemitischen Maßnahmen beteiligten und sie noch vorantrieben, teils, weil dies ihrer Überzeugung entsprach, teils auch deshalb, weil sie sich dadurch bereichern konnten.

Am krassesten trat dies bei der »Arisierung« von Geschäften und der Übernahme von Gütern, die von Juden bei der Auswanderung verkauft werden mußten, hervor. Hemmungslos und schamlos gingen manche Geschäftsleute vor, um jüdische Geschäfte und jüdisches Eigentum zu möglichst niedrigen Preisen zu erwerben. Daneben haben andere ihren jüdischen Geschäftsfreunden und Bekannten geholfen, die Firmen und ihr Hab und Gut vorteilhafter zu veräußern, als es den Behörden bei der Auswanderung angegeben wurde. Sie zahlten ihnen »schwarz« für die Übernahme der Geschäfte und beim Kauf ihrer Häuser oder von Wertgegenständen höhere Beträge als nach den Kaufverträgen und verschafften so den auswandernden Juden die Möglichkeit, diese oder dafür erworbene Edelmetalle und Schmuck illegal ins Ausland mitzunehmen. Geschäftsleute, die Auslandsverbindungen hatten, ließen den ausgewanderten Juden im Ausland – illegal – Devisenbeträge zukommen.

Die Deutschen, die dies taten, setzten sich damit in gleicher Weise – bei den illegalen Devisentransaktionen sogar noch mit einem höheren Risiko – wie die auswandernden Juden der Gefahr einer Strafverfolgung aus, und zwar einer sehr, sehr harten Strafverfolgung. Es waren aber nicht wenige, die diese Gefahr auf sich nahmen, um Juden zu helfen. Wie viele es waren, weiß man nicht und wird es nie mehr feststellen können. Es wird sich um eine nicht unbeträchtliche Anzahl gehandelt haben. Das ist daraus zu schließen, daß im Ausland das Angebot deutscher Geldnoten nach jeder Auswanderungswelle stark stieg. Doch zahlenmäßige Angaben lassen sich – über vage Schätzungen hinaus – daraus nicht gewinnen, weil der Gesamtumfang der illegal ins Ausland verbrachten Geldnoten nicht festzustellen ist und auch aus anderen, nicht mit der Auswanderung von Juden zusammenhängenden Transaktionen erhebliche Beträge abgeflossen sind. Die Beteiligten mußten während der nationalsozialistischen Herrschaft darüber schweigen.

Sie haben meist selbst mit ihren nächsten Angehörigen nicht darüber gesprochen. Manch ein ausgewanderter Jude hat sich nach 1945 an die Vorgänge bei seiner Auswanderung nicht mehr richtig erinnern können. In seinen Gedanken sah er immer noch sein Geschäft, sein Haus und all seinen früheren Besitz in dem Wert, den es vor 1933 hatte, und nicht in dem Wert, der nach 1935 oder gar 1938 verblieben war, nachdem das Geschäft seine Kundschaft und Lieferanten verloren hatte und Boden und Gebäude in den von Juden bevorzugten Wohngebieten einen starken Wertverlust erlitten hatten. Sie fühlten sich deshalb oft auch nach Empfang der illegal gezahlten Beträge übervorteilt und hatten manchmal vergessen – doch keineswegs immer –, welche Risiken ihr deutscher Partner ihretwegen eingegangen war.

Die »Kristallnacht« war nur ein Vorspiel, ein Auftakt für das Grauenhafte, das in der Folgezeit geschah. Die fanatischen Antisemiten in der nächsten Umgebung Hitlers waren entschlossen, ein »judenfreies« Deutschland zu schaffen, welche Mittel sie auch immer dafür einsetzen mußten. Für viele der Maßnahmen, die sie ergriffen, so auch für die letzten, den organisierten Massenmord, haben die Historiker, sosehr sie auch danach gesucht haben, keine Anordnungen oder Befehle Hitlers finden können. Es kann jedoch – obgleich einzelne Historiker dies in Frage stellen möchten – kein Zweifel daran bestehen, daß alles, was zur Herstellung eines judenfreien Deutschland und zur Vernichtung von Juden geschah, dem Wunsch und Willen Hitlers entsprach.

Es fanden sich hier zusammen Rassenfanatiker wie Himmler, die Deutschland von Juden frei machen wollten, und Gefolgsleute Hitlers, wie Göring, die jeden Wunsch des Führers erfüllen, ihm möglichst zuvorkommen und sich in ihrem Diensteifer – um damit ihre eigene Machtstellung zu sichern und zu stärken – von keinem übertreffen lassen wollten. Mit den Aktionen in der Nacht vom 9. zum 10. November 1938 wurde den Juden zu verstehen gegeben, daß für sie kein Platz in Deutschland mehr war, daß sie auswandern sollten, wenn sie weiterhin in Ruhe und Frieden leben wollten.

Auch das Ausland sollte dies wissen. Wem das Schicksal der Juden am Herzen lag, wer ihnen helfen, sie nicht verderben lassen wollte, der sollte sie bei sich aufnehmen. Im Ausland bestand aber wenig Neigung, Juden aus Deutschland aufzunehmen. Die Hilfsorganisationen für Emigranten aus Deutschland, die sich 1933 in mehreren Ländern gebildet und vielen Flüchtlingen, die aus politischen, religiösen oder rassischen Gründen Deutschland verließen, bei der Einwanderung geholfen hatten, fanden es immer schwieriger, neue Einwanderungsgenehmigungen zu erhalten.

Alle Staaten sträubten sich gegen die Einwanderung von mehr Juden aus Deutschland. Zwei Umstände spielten dabei mit. Die Aufnahme von Einwanderern bereitete wirtschaftliche und finanzielle Schwierigkeiten. Es war kurzfristig gar nicht möglich, ihnen eine eigene Existenzsgrundlage zu geben, und solange dies nicht möglich war, fielen sie der Staatskasse – deren Lage überall angespannt war – zur Last. Noch stärker waren die Entscheidungen der Regierungen wohl dadurch beeinflußt, daß sie von der weiteren Zuwanderung deutscher Juden eine Zunahme des Antisemitismus in den eigenen Ländern befürchten. Sie hatten doch sehen müssen, daß die ersten Einwanderungen deutscher Flüchtlinge bei ihrer Bevölkerung nicht nur – wie es gewiß anzutreffen war – Mitgefühl und Hilfsbereitschaft wachgerufen hatten, vielmehr wurden durch die Zunahme der Zahl der Juden die schon bestehenden antisemitischen Regungen nicht nur verstärkt, sondern wurden auch neue geweckt.

Es war vielleicht auch nicht ganz einflußlos, daß einzelne orthodoxe Juden – darunter vielleicht auch solche, die bei maßgebenden Politikern Gehör fanden – kein Mitgefühl hatten mit Rassegenossen, die sich vom Glauben der Väter abgewandt hatten, die konfessionslos oder christlich geworden waren oder einer liberalen, den Orthodoxen schon nahezu oder ganz gottlos erscheinenden religiösen Richtung angehörten. Wenn es denen nun unter dem Nationalsozialismus schlecht erging, so erlitten sie ihrer Auffassung nach ein selbst verschuldetes Schicksal; sie verdienten keine Hilfe.

Mit Ausbruch des Zweiten Weltkrieges, als zu sehen war, daß es immer schwieriger wurde, Juden ins Ausland »abzuschieben«, weil nur noch in Ausnahmefällen Einwanderungsgenehmigungen für einzelne wie für Gruppen von Juden zu erhalten waren, liefen die Vernichtungsaktionen an. Es wurden zwar noch weiterhin – bis zum Kriegsende – von Nationalsozialisten Versuche unternommen, das Ausland zur Aufnahme von Juden zu gewinnen – und dabei in Einzelfällen zugleich versucht, für die »Freigabe« der Juden Vergütungen herauszuhandeln. Doch es waren nicht viele Juden, die durch die Aufnahme in einem anderen Land gerettet wurden.

Am 4. Juli 1939 wurde die »Reichsvereinigung der Juden in Deutschland« gebildet. Die Maßnahme stellte nicht nur heraus, daß die Juden im Deutschen Reich einen Sonderstatus hatten, sondern »erfaßte« sie zugleich alle in einer Organisation, in der die Aufsichtsorgane zu ihrer Kontrolle von Juden selbst gebildet wurden. Die Reichsvereinigung zählte bei ihrer Gründung 375000 Juden. Von den rund 500000 Juden, die vor 1933 in Deutschland lebten, waren also nicht mehr als ein Viertel ausgewandert.

Nach dem Einmarsch der deutschen Truppen in Polen flackerten dort Pogrome mit den ersten Todesopfern auf. Noch im Herbst 1940 wurde angeordnet, daß alle Juden in Polen einen gelben Stern, den »Judenstern«, zu tragen hatten. In Deutschland wurde dies im Herbst 1942 verfügt und bald danach in anderen von Deutschen besetzten Gebieten, außer in Dänemark, wo der König gegen diese Maßnahme protestierte.

Im April 1940 wurde in Lodz das erste geschlossene Ghetto geschaffen. Geschlossene Ghettos in anderen Städten folgten; in Warschau im Oktober 1940. Die polnischen Juden wurden zur Zwangsarbeit verpflichtet und ihre Vermögen im Herbst 1941 eingezogen. Im Januar 1941 brachen auch in Rumänien Pogrome aus, die zu Massakern mit vielen Toten ausarteten.

Nach dem Ausbruch des Krieges gegen die Sowjetunion begannen die Maßnahmen der Nationalsozialisten zur »Endlösung«. Am 31. Juli 1941 erteilte Göring dem Chef des Reichssicherheits-Hauptamtes, Heinrich Reinhard Heydrich, den Auftrag, alle Vorbereitungen für eine »Gesamtlösung der Judenfrage im deutschen Einflußgebiet in Europa« zu treffen. Wenige Wochen später begann der Abtransport von Juden aus Deutschland nach Polen. Sie wurden dort von »Einsatzgruppen« der SS in Empfang genommen, die sie zum Teil in Arbeitslager brachten, zum Teil gleich töteten. Gleichzeitig hatten die Einsatzgruppen auch polnische und russische Juden zu töten.

Am 20. Januar 1942 fand im Hause Am Großen Wannsee 56/58 unter Heydrich eine Konferenz von Spitzenvertretern der Reichs- und Parteibehörden statt, denen Heydrich die Maßnahmen zur »Endlösung der europäischen Judenfrage« erläuterte. An die Stelle der Auswanderung sei die Evakuierung nach dem Osten getreten, wo die arbeitsfähigen Juden zum Arbeitseinsatz kommen würden, während die übrigen »entsprechend behandelt werden müssen«. Die Teilnehmer dürften wohl alle verstanden haben, was damit gemeint war.

Was hier gesagt und was zur Durchführung gebracht wurde, war ein ungeheuerliches Verbrechen. Auf die Frage, wie dies geschehen konnte, wie Menschen dies anderen Menschen antun, die Befehle dafür geben und die Befehle ausführen, um dies Geschehen wissen und es geschehen lassen konnten, ist schwer eine Antwort zu finden. Die Tötung von Gegnern oder Menschen, die als Gegner angesehen werden, sei es als Feinde im Krieg oder als Gegner aus religiösen oder rassischen Gegensätzen, ihre Ausrottung »mit Stumpf und Stiel« durch Tötgung von Frauen und Kindern hat es immer gegeben, und es gibt sie auch heute noch. Menschen, die so handeln, sind zumeist getrieben von einem Fanatismus, von tiefliegenden und sie hinreißenden Emotionen. Seltener von kalten, verstandesgemäßen Überlegungen. Doch es gab und gibt auch den kaltblütigen Massenmord. Eines der schrecklichsten Beispiele dafür mit der größten Zahl an Todesopfern – die wohl dreißig Millionen betragen haben – ist Stalin, der führende Politiker und Generale, Tausende von Parteimitgliedern ermorden ließ und viele Millionen Bauern, die seiner Kollektivierung der Landwirtschaft Widerstand leisteten, und weitere Millionen von Angehörigen der Volksstämme, die sich der Russifizierung widersetzten, dem Hungertode preisgab.

Kaltblütig gaben Churchill und die britischen Befehlshaber im Zweiten Weltkrieg den Befehl zu Bombenangriffen auf deutsche Städte, mit denen nicht Soldaten niedergekämpft oder militärische Einrichtungen vernichtet, sondern die Bevölkerung mit Frauen und Kindern getötet werden sollte. Ebenso kaltblütig erging vom amerikanischen Oberkommando der Befehl zum Abwurf der Atombomben auf Hiroshima und Nagasaki, denen ebenfalls keine Streitkräfte oder militärische Anlagen, sondern die gesamte Bevölkerung zum Opfer fielen.

Den Bombardierungen der deutschen und japanischen Städte kann noch ein militärischer Zweck zugeschrieben werden. Dagegen war die Tötung der Insassen der Palästinenser-Lager von Sabra und Shatilla mit Frauen und Kindern im September 1982, die von den israelischen Befehlshabern bewußt in Kauf genommen oder beabsichtigt war, als sie die haßerfüllten libanesischen Milizen in die Läger eindringen ließen, ein reiner Akt der Rache oder der Vernichtungsabsicht. »Genocid«, »Völkermord«, wie die Massentötung von Angehörigen einer Bevölkerungsgruppe mit Frauen und Kindern bezeichnet wird, vollzieht sich gegenwärtig in einem erschreckenden Umfang in Südostasien und in Afrika zwischen verfeindeten, sich gegenseitig hassenden Völkern und Stämmen.

Die Mordtaten in Sabra und Shatilla riefen in der Weltöffentlichkeit und Israel selbst einen Entrüstungssturm wach, der die Regierung veranlaßte, eine Untersuchungskommission zur Feststellung der Schuldigen einzusetzen. Hier und in ähnlichen Fällen, wie zum Beispiel beim Bekanntwerden von Folterungen, die britische Untersuchungsbeamte bei Vernehmungen verdächtiger Nationalsozialisten vorgenommen hatten, zeigt sich ein grundlegender Unterschied für die Ausführung von Schreckenstaten unter einer diktatorischen Regierung, die ihr Land von der Welt abgeschlossen hält, und unter einer demokratischen Regierung in einem weltoffenen Land: Hier baut der Protest in der Weltöffentlichkeit und im eigenen Land Schranken für die Fortführung und Wiederholung von Missetaten auf, auch wenn die Untersuchungen noch so lax und noch so schonend für die Täter durchgeführt werden. In einem diktatorisch regierten, von der Welt abgeschlossenen Land gibt es solche Schranken nicht.

Anders als bei dem Vorgehen der Nationalsozialisten in der »Endlösung der europäischen Judenfrage« sind es emotional aufgebrachte Menschen, die – vergleichbar mit den Handlungen während der Religionskriege des Mittelalters – ihre Opfer umbringen, in denen sie nicht mehr die Mitmenschen, sondern nur Gegner, Schädlinge ihrer Gemeinschaft oder gar der Menschheit sehen. Wo die Befehle zum Massenmord kaltblütig erteilt wurden, brauchten die Ausführenden ihre Opfer nicht eigenhändig umzubringen. Wer auf Anordnung Stalins keine Lebensmittel in die Hungergebiete transportieren ließ, sah nicht die verhungernden Kinder. Die Angehörigen der britischen und der amerikanischen Luftwaffe, die die Bomben fallen ließen, konnten sich vielleicht vorstellen, was sie anrichteten, sie sahen aber nicht mit eigenen Augen, unter welchen Qualen die Menschen starben. Israelis brauchten nicht selbst die Frauen und Kinder in Sabra und Shatilla umzubringen. Sie konnten dies den von Haß getriebenen Libanesen überlassen.

Emotionale Erregungen wirkten auch beim Massenmord der Juden durch Nationalsozialisten mit, und viele der hierbei kaltblütig Handelnden standen als »Schreibtischtäter«, die Anordnungen erteilten, weitergaben und nur an rein organisatorischen Maßnahmen teilnahmen, den Tötungshandlungen fern. In Einzelfällen konnten emotional von Judenhaß erfüllte Letten und Ukrainer zur Ausführung benutzt werden.

Das Unfaßbare, Entsetzliche beim Massenmord der Juden war das organisierte System, mit dem die Todesaktionen geplant und zur Durchführung gebracht wurden. Der bürokratische Apparat, der dafür aufgebaut wurde, funktionierte wie ein industrieller Großbetrieb oder wie ein militärisches Manöver. Die Befehlsgewalt, die hier ausgeübt wurde, ließ die Menschen, die hierzu herangezogen wurden, die Tötungshandlungen ausführen wie Verwaltungsarbeiten oder militärische Aufgaben.

Die Verantwortlichen für den Massenmord, von denen die »Endlösung« beschlossen wurde und die Befehle für ihre Durchführung ergingen, die mit Hitler an der Spitze der Partei und der Staatsführung standen, hatten alle Maßstäbe der Moral verloren. Nach der Erringung der Macht und der Ausschaltung aller Gegner, die ihnen diese Macht hätten streitig machen können, fühlten sie sich, gestützt auf die Beherrschung der öffentlichen Meinung und die weite Kreise der Bevölkerung erfassende Lenkung des Denkens und der Empfindungen, sicher in ihrer Macht. Sie verloren alle Hemmungen, die ihnen Bedenken hätten kommen lassen, von ihrer Macht nicht für jede ihrer Absichten vollen Gebrauch zu machen und rücksichtslos ihnen Untergebene für die Ausführung ihrer Vorhaben zu benutzen.

Über die Männer und Frauen, die beim Massenmord mitwirkten, die an Massenerschießungen beteiligt waren, die Juden – dazu auch Zigeuner – in die Gaskammern brachten und sie dort töteten, und ebenso über das Personal in den Konzentrationslagern darf kein Pauschalurteil gefällt werden, das jeden in gleicher Weise verdammt. Zu verschieden war das Schicksal der einzelnen, die hier mitwirkten. Neben verbrecherisch Schuldigen standen weniger Schuldige und

Unschuldige und selbstlos Handelnde, Helfer und Retter von KZ-Insassen und zum Tode Bestimmter.

In der Psyche der Personen, die in den Konzentrations- und Vernichtungslagern eingesetzt waren, ging ähnliches vor, bestimmte ihr Verhalten und ihre Handlungen. Auch hier waren die meisten zu diesem Dienst abkommandiert worden. Es waren zum Teile brave Polizeibeamte, die der Geheimen Staatspolizei (Gestapo) zugeteilt waren und plötzlich zum Dienst in KZs befohlen wurden. Zu ihnen kamen Abkommandierte aus den verschiedensten Arbeits- und Lebensbereichen.

Sie waren erschreckt über das, was sie in den KZs sahen, und über das, was nun ihr »Dienst« war. Noch entsetzlicher war es in den Vernichtungslagern. Einigen wenigen glückte es, ihre Abkommandierung, die Entlassung oder Versetzung zu anderem Dienst zu erreichen. Einzelne sahen keinen anderen Ausweg als den Selbstmord. Wieder andere versuchten in dieser Situation das Beste zu tun, was ihnen möglich war, und bemühten sich, wo immer es in ihren Kräften stand, den Insassen der KZs und den zum Tode Verdammten Hilfe zukommen zu lassen. Sie taten dies ohne Rücksicht darauf, daß sie mit ihren Handlungen sich selbst in Gefahr brachten.

Bei vielen setzte, wie bei Angehörigen der Einsatzgruppen, der Prozeß der Abstumpfung und der Verrohung ein, dazu noch häufiger das Aufkommen und die Verschlimmerung sadistischer Neigungen. Es scheint, als ob der KZ-Dienst eine Anziehungskraft auf Menschen mit sadistischer Veranlagung ausgeübt hat, so daß sich hier eine erschrekkende Zahl von ihnen ansammelte, die ihrem Hang freien Lauf lassen konnten.

In den KZs spielte die Einsetzung von Hilfspersonal aus den Insassen eine besondere Rolle. Die Heranziehung Gefangener für bestimmte – besonders die physisch wie psychisch schmutzigen – Gefängnisdienste, als »Kalfaktoren«, ist überall üblich. Die Auswahl, die dabei getroffen wird, ist oft ausschlaggebend für die Zustände in den Gefängnissen und den Gefangenenlagern. Darüber wissen alle ehemaligen Insassen von Gefängnissen und Lagern, in welchem Lande sie sich auch befanden, Gutes und Schreckliches zu berichten.

In vielen der KZs der Nationalsozialisten und den Vernichtungslagern wurden für die Hilfsdienste unter den Insassen gerade solche Menschen, Männer und Frauen, als »Kapos« ausgesucht, die am härtesten gegen die Mitinsassen vorgingen, die häufig mit ihren sadistischen Handlungen die schlimmsten unter den Wärtern übertrafen.

Die Geschichte der KZs und Vernichtungslager ist allzu reich an grauenhaftem, verbrecherischem Geschehen. Hier handelten Menschen mit unmenschlichen Eigenschaften. Doch nicht alle, die hier zum »Einsatz« gekommen waren, ihren »Dienst« taten, waren Verbrecher und Unmenschen. Viele von ihnen haben seelisch schwer gelitten – mag ihr Leiden auch nicht mit dem der Opfer vergleichbar sein. Nicht wenige haben selbst unter den grauenhaftesten Umständen Gutes getan oder sich zumindest bemüht, zum Guten zu wirken.

Wie konnte das Furchtbare in den KZs und den Vernichtungslagern geschehen, ohne daß die Bevölkerung davon Kenntnis nahm, ohne daß sich ein Aufschrei dagegen erhob und Widerstand geleistet wurde? Wem dies heute so unverständlich erscheint, der weiß nicht oder hat es vergessen, falls er sich dessen bewußt gewesen ist, unter welchen Verhältnissen sich damals alles in Deutschland abgespielt hat. Es war Krieg, und im Kriegszustand denkt und handelt der Mensch – unter der Bedrohung seines Lebens an der Front wie in der Heimat, unter den Sorgen um das Leben seiner Angehörigen und in den Nöten des täglichen Lebens – anders als in Friedenszeiten.

Die Betreiber der Endlösung hatten bei ihrem Vorgehen wohlweislich den Krieg abgewartet. Oder vielleicht hat erst der Kriegszustand den Gedanken an die Möglichkeit, ihr Vorhaben durchzuführen, in ihnen geweckt. Die Tötungen wurden häufig in besetzten Gebieten vollzogen. Dies geschah, weil sie fern der Heimat besser vor der Bevölkerung geheimgehalten werden konnten. Außerdem stand das besetzte Gebiet außerhalb der deutschen Rechtsordnung. Es war deshalb nicht zu befürchten, daß im Falle eines Bekanntwerdens der Hinrichtungen – wie es beim Bekanntwerden der ersten Euthanasie-Fälle geschehen war – eine Anklage wegen Mordes erhoben wurde und vielleicht sogar, ungeachtet aller Vorkehrungen, ein Staatsanwalt ein Verfahren einleiten würde.

Tatsächlich blieb ein großer Teil der Bevölkerung, vor allem auf dem Lande und in Kleinstädten, ohne Kenntnis von den Massenexekutionen und den Vernichtungslagern. Wer gerüchteweise oder durch ausländische Rundfunksender etwas davon hörte, tat dies als »Greuelpropaganda« ab. Alle Älteren wußten noch gut und hatten den Jüngeren davon berichtet, wie im Ersten Weltkrieg von den Feindmächten frei erfundene, völlig unwahre Berichte über Schreckenstaten deutscher Soldaten in den besetzten Gebieten in die Welt gesetzt wurden. Jetzt rächten sich die Sünden der Vergangenheit. Die Greuelpropaganda des Ersten Weltkrieges machte Berichte über Greueltaten, die während des Zweiten Weltkrieges geschahen, unglaubwürdig.

Es gab aber auch viele, die – vage oder bestimmte – Kenntnisse erlangten von dem, was geschah. In einigen Dienststellen erfuhren Beamte davon. Hier und da berichteten Mitglieder der Einsatzgruppen und des KZ-Personals, trotz des strengen Schweigegebots, ihren Angehörigen und Freunden, welche Handlungen ihnen befohlen worden waren. Nicht selten sahen Frontsoldaten, was hinter der Front vorging, und erzählten davon in der Heimat. Nachbarn von jüdischen Familien sahen, wie diese abtransportiert wurden, und hörten, welches Schicksal ihnen bevorstand.

Aber in dem Machtapparat, den die Nationalsozialisten aufgebaut hatten, gab es keine Möglichkeit, etwas Wirksames zur Verhinderung dieser Schreckenstaten zu unternehmen. Das Gefühl der Ohnmacht, des Hinnehmen-Müssens, führte bei vielen, wohl den weitaus meisten, zu einer Abschottung des Zur-Kenntnis-Nehmens und des Darüber-Nachdenkens. Es ist ein bekannter psychologischer Tatbestand, daß der Mensch oft nicht erkennt, was er nicht erkennen will.

Wenn alte intellektuelle Kommunisten oder ihre nächsten Angehörigen gefragt werden, wie sie noch Mitglieder der Kommunistischen Partei bleiben konnten, nachdem sie erfuhren, in welcher Weise Stalin im Zug der mehrfach von ihm durchgeführten »Reinigungen« verdiente Parteimitglieder, wenn sie in seinen Kurs nicht mehr paßten, umbringen ließ, dann bekommt man immer wieder die Antwort zu hören, sie konnten es nicht glauben, weil es nicht in ihr Weltbild paßte. Obwohl sie wissen mußten, was vorging, wollten/konnten sie diese Gewalttaten in ihr Wissen einfach nicht aufnehmen.

Ähnliches oder Gleiches ging im Bewußtsein vieler Deutscher vor, die Kenntnis von dem Schicksal der Juden erhielten. Zu der Verdrängung dieses Wissens trug neben dem Gefühl der Ohnmacht das Kriegsgeschehen bei, das den einzelnen ständig in Sorge und Spannung hielt. Hinzu kam, daß mit dem Einsetzen der Bombardierung von Wohnvierteln auch die antisemitische Propaganda an Boden gewann, die als Hauptschuldige an dem Krieg und dieser unmenschlichen Phase der Kriegshandlungen die Juden hinstellte. Wer seine eigenen Kinder von Phosphorbomben verbrannt sah, bei dem konnten Berichte über das Schicksal jüdischer Kinder nicht die Erregung hervorrufen, die in Friedenszeiten eingetreten wären.

Wer heute so erstaunt und verwundert darüber ist, daß die deutsche Bevölkerung so wenig über die Vernichtungslager erfuhr und dort, wo sie davon Kenntnis erhielt, so wenig darauf reagierte, der sollte bedenken, daß sich im Ausland Ähnliches und Gleiches abspielte. Historiker, wie vor allem Walter Laqueur, haben aufgezeigt, daß auch im Ausland den ersten Berichten über die Tötungslager kein Glauben geschenkt wurde und daß die Verantwortlichen, die es schließlich wissen mußten, die Nachrichten unterdrückten und keine Versuche machten, etwas zur Verhinderung der Tötungen zu unternehmen.

Vergessen sollte man auch nicht, daß in vielen Fällen – mag die Zahl der Fälle auch gegenüber dem maßlosen Umfang der Vernichtung von Juden nicht genügend groß erscheinen – Deutsche unter größtem persönlichen Risiko Juden geholfen und gerettet haben. Es ist vorgekommen, daß Polizeibeamte bei dem Abtransport von Juden einzelnen von ihnen Gelegenheit zur Flucht gegeben haben und dann – in Einzelfällen – die als Hilfsorgane eingesetzten Juden die Fliehenden wieder festgenommen haben. Wie Juden von Nicht-Juden versteckt gehalten wurden, ist durch das Tagebuch der Anne Frank weltbekannt geworden. Solche Hilfen sind nicht nur in besetzten Gebieten, sondern auch in Deutschland geleistet worden. Die jüdische Gemeinde von Berlin hat achthundert Familien dieser Stadt gezählt, die Juden verborgen gehalten haben. In wieviel mehr Fällen mag dies allein in Berlin geschehen sein? Denn gewiß sind nicht nur vereinzelte Familien, die zusammen mit denen, die sie versteckt gehalten haben, den Fliegerbomben und dem Granatfeuer bei den Kämpfen um die Stadt durch die Russen zum Opfer gefallen. Sie sind nirgendwo mitgezählt. Nicht nur in Berlin, auch an anderen Orten wurde Juden zur Flucht verholfen, wurden sie versteckt und vor dem Tod gerettet.

Widerstand – Träume und Taten

Man sage nicht, das Schwerste sei die Tat,
Da hilft der Mut, der Augenblick, die Regung;
Das Schwerste dieser Welt ist der Entschluß.

Franz Grillparzer

Unter den Witzen, die zur Zeit des Nationalsozialismus umliefen, charakterisiert einer, der im Jahre 1934 aufkam, die politische Einstellung vieler Deutscher. Er wurde so erzählt:

Goebbels besichtigte ein großes Industriewerk und hatte anschließend folgendes Gespräch mit dem Betriebsleiter:

Goebbels: Man hat mir berichtet, daß viele Arbeiter dieses Werkes noch immer den Ideologien der freien sozialistischen Gewerkschaft anhängen. Wieviel, schätzen Sie, sind es?

Betriebsleiter: Ja, wohl etwa sechzig Prozent.

Goebbels: Und wieviel hängen wohl noch der christlichen Gewerkschaft an?

Betriebsleiter: Ich schätze etwa dreißig Prozent.

Goebbels: Gibt es noch Anhänger der Hirsch-Dunckerschen Gewerkschaften?

Betriebsleiter: Ja, die restlichen zehn Prozent.

Goebbels: Zum Donnerwetter, sind in diesem Werk denn keine Nationalsozialisten?

Betriebsleiter: Herr Reichsminister, Nationalsozialisten sind sie doch alle.

Dieser Witz zeigt auf, daß die nationalsozialistische Überzeugung bei den einzelnen Parteigenossen und Anhängern Hitlers keineswegs einheitlich und in sich geschlossen war.

Die Einstellung jedes einzelnen zum Nationalsozialismus war unterschiedlich in ihren Wünschen und Zielvorstellungen. Sie war keineswegs frei von Kritik an dem, was geschah und für die Zukunft zu erwarten war, an dem, was die »Partei« oder »der Führer« oder »die Regierung« getan hatten und was von ihnen zu erwarten war.

Trotz allem, was unter Hitler nach dem Versagen der demokratischen Regierungen in der Weimarer Zeit erreicht und zu erhoffen war – alle Wünsche waren nicht erfüllt, und manches war nicht so verlaufen oder getan worden, wie man es gerne gesehen hätte. Um in der Terminologie der Sozialisten zu sprechen, die seit dem Ende der sechziger Jahre aufgekommen ist: Der »reale« Nationalismus hatte zwar viel Gutes gebracht, mehr sogar, als die meisten seiner Anhänger und Zugelaufenen erhofft hatten; aber er entsprach doch nicht voll und ganz dem »idealen« Nationalsozialismus, was immer jeder einzelne sich darunter vorstellte. Darüber hinaus waren viele grundsätzlich gegen den Nationalsozialismus eingestellt geblieben, auch wenn sie, weil sie keine andere Möglichkeit hatten, als in diesem Staat, in dieser Wirtschaft und Gesellschaft weiter mitzuwirken, sogar als Mitglieder der Partei oder einer ihrer Organisationen.

Selbst begeisterte Anhänger Hitlers fanden hier und da Anlaß zur Unzufriedenheit und zum »Meckern«. Unter den Parteigenossen und den Mitgliedern der Organisationen fanden sich die zusammen, die früher gleichen Kreisen angehörten: die Mitglieder der verschiedenen Gewerkschaften – von denen der zitierte Witz berichtet –, der aufgelösten Parteien – von denen wohl die früheren Zentrumsmitglieder den stärksten Zusammenhalt bewahrten –, alte Stahlhelmmänner und Jungstahlhelmer, die Mitglieder der verschiedenen Bünde der Jugendbewegung, der Studentenorganisationen und andere mehr.

Wo immer so aus der vorausgegangenen Zeit Verbundene zusammenkamen, wurde Kritik geübt an dem, was ihnen falsch erschien, was besser gemacht werden müßte. Es wurden Überlegungen angestellt und Pläne entwickelt, wie eine Änderung herbeigeführt werden könnte – Pläne, die bis zu revolutionären Handlungen, einer Änderung des Herrschaftssystems gingen. Dabei spielte die Frage eine große, sehr umstrittene Rolle, ob bei der angestrebten Änderung, dem Umsturz, Hitler ausgeschaltet, beseitigt werden müßte, oder ob er als »Führer« an der Spitze des Staates bleiben und durch Austausch der Männer in der Regierung und Parteiführung die erwünschten Ziele erreicht werden könnten.

Wer politisch interessiert war und etwas Einblick in die Vorgänge hatte, die sich in der Staats- und in der Parteiführung abspielten, dem konnte es nicht verborgen bleiben, daß sich dort ununterbrochen Machtkämpfe abspielten. Die engsten Mitarbeiter Hitlers rivalisierten um die größte Gunst des Führers und die Ausdehnung und Stärke ihres Machtbereiches. Das führte zu Spannungen und Streitigkeiten zwischen den ihnen unterstellten Parteigliederungen, an denen sich deren Mitglieder beteiligten. Diese Reibungen gingen weit über das Ausmaß von Kompetenzstreitigkeiten hinaus, wie sie sonst zwischen Organisationen, deren Tätigkeitsbereiche sich überschneiden, unvermeidlich sind. Sie trugen nicht selten die Gefahr einer Zuspitzung in sich, wie sie im Juni 1934 zwischen SA und SS ausgetragen worden war.

Bei einigen der Unzufriedenen ging es über gelegentliche Unmutsäußerungen und vages Planen hinaus. Sie hielten Umschau, wo sich wohl Ansatzpunkte zu erfolgversprechendem Vorgehen finden ließen. Die Machtkämpfe schienen ihnen Chancen für einen Umbruch zu bieten, ähnlich wie radikalere Sozialisten unter den Nationalsozialisten vor dem 30. Juni 1934 gehofft hatten, mit Röhm einen sozialistischen Nationalsozialismus herbeiführen zu können.

Die einen, die befürchteten, daß die Außenpolitik, wie sie von Ribbentrop nach den Anweisungen Hitlers betrieb, zum Kriege führen müßte, setzten auf Himmler in der Meinung, daß er, wenn er maßgebenden Einfluß in der Regierung gewinnen und in der Außenpolitik mitwirken könnte, auf einen vernünftigeren Kurs hinarbeiten würde, weil er durch seinen Nachrichtendienst besser über die Vorgänge im internationalen Feld unterrichtet war.

Für andere war Himmler der Mann des Polizeistaates und der Rassenfanatiker, einer der schlimmsten, wenn nicht der allerschlimmste Vertreter gerade dessen, was am Nationalsozialismus falsch und verdammenswert war, was am ehesten geändert werden müßte. Sie glaubten, auf Göring ihre Hoffnungen setzen zu können, weil sie ihn – in Unkenntnis seiner wirklichen Einstellung und seiner Handlungen – für einen »Liberalen«, einen vom Rassenhaß freien Menschen hielten, der, wenn er nur mehr Einfluß hätte, allen lästigen Zwang, mit dem die nationalsozialistische Herrschaft verbunden war, beseitigen würde.

Wieder andere sahen in Göring mit der bei ihm so offen hervortretenden Geltungs- und Bereicherungssucht einen Mann, der durch das Beispiel, das er gab, der einsetzenden Korruption im Parteiapparat Vorschub leistete. Sie befürchteten deshalb, daß mit einer Steigerung seines Einflusses der nationalsozialistische Staat zu einem korrupten Staatswesen entarten könnte. Sie stellten sich deshalb auf die Seite seiner Gegner.

Doch alle Hoffnungen, daß die Machtkämpfe der Rivalen sich zu einem offenen Konflikt zuspitzen würden und mit dem Sieg des einen oder anderen eine Änderung in der Regierungs- und Parteipolitik herbeigeführt werden könnte, erwiesen sich als trügerisch. Hitler, der manchen Zeitgenossen und Historikern, die sich auf Aussagen der rivalisierenden Gruppen stützen, als ein Spielball der im Streit miteinander stehenden Parteistellen und Ministerien erschien, verstand es, eine Politik zu betreiben, mit der sich die rivalisierenden Kräfte gegenseitig neutralisierten. Keiner von denen, die ihre Machtstellung ausbauen wollten, wurde so stark und gewann so viel Einfluß, daß Hitler in Abhängigkeit von ihm hätte geraten, geschweige denn von ihm hätte ausgeschaltet werden können.

Wer vom Inneren des Partei- oder Staatsapparates her eine Wandlung in der nationalsozialistischen Politik anstrebte, mußte erkennen, daß dies nicht über Änderungen im Mächtespiel an der Partei- und Staatsspitze zu erreichen war. Er mußte sich damit begnügen, an der Stelle, an der er stand, soweit es in seinem Vermögen stand, zum Guten zu wirken und sich zu bemühen, Schlimmeres und Schlimmstes zu verhindern. Oder er mußte Ausschau halten, ob es irgendwo Kräfte gab, die den Versuch wagen wollten, einen Umsturz herbeizuführen.

Es gab – gar nicht so wenige – Deutsche, die jede Mitwirkung im Nationalsozialismus ablehnten. Sie gingen, wie sie es nannten, in die »innere Emigration«. Sie blieben physisch in Deutschland, hielten sich aber psychisch getrennt von allem, was vorging. Manche bezeichneten dieses Verhalten später auch als »passiven Widerstand«. Jeder einzelne, der sich so verhielt, hatte seine guten moralischen Beweggründe für dieses Verhalten; wie diese zu bewerten sind, ob dieses Verhalten richtig oder falsch war – wer kann heute darüber ein lobendes oder verwerfendes Urteil fällen, das den einzelnen, die sich zur inneren Emigration und zum passiven Widerstand entschlossen, gerecht wird?

Ebenfalls nicht wenige dachten an aktiven Widerstand, an ein Handeln, das zu einem Umsturz führen sollte. Darunter befanden sich – man muß dies offen aussprechen – wirklichkeitsfremde Phantasten, die ihre Freude an Gedankenspielen hatten. Sie waren von einem ehrlichen Willen beseelt, sahen mit Verzweiflung die von Hitler und seiner Politik drohenden Gefahren, waren verzweifelt über alles Entsetzliche, von dem sie Kenntnis erhielten, nur hatten sie keine Vorstellungen davon, was getan werden könnte. Sie trafen sich, um darüber zu diskutieren, welche Männer wohl an Stelle Hitlers und seiner Gefolgsleute die Staatsführung übernehmen und welche politischen Programme nach dem erfolgreich durchgeführten Umsturz zur Durchführung gebracht werden sollten.

Hjalmar Schacht – der zu den Persönlichkeiten gehörte, die manche dieser Pläneschmieder an der künftigen Regierung beteiligen wollten – berichtet, wie ihm im Jahre 1942 einer der später aktiven Widerstandskämpfer einen von ihm ausgearbeiteten Aufruf vorlesen wollte, der mit den Worten begann: »Hitler ist tot.« Schacht unterbrach ihn darauf sofort und sagte ihm, daß er ihm das Folgende vorlesen sollte, wenn Hitler wirklich tot sei.

Leider hatten solche wirklichkeitsfremden Diskussionen für manche der Beteiligten verhängnisvolle Folgen, wenn sie der Geheimen Staatspolizei zu Ohren kamen. Sie wurden in einigen Fällen sogar für Unbeteiligte zum Verhängnis, wenn ihre Namen in Notizen über solche Diskussionen angeführt waren und infolgedessen die Geheime Staatspolizei auch gegen sie vorging.

Verhängnisvoll war auch das Schicksal einzelner und einzelner Gruppen, die, ohne eine echte Chance zu haben, tatsächlich etwas – wie zum Beispiel mit der Verteilung von Flugblättern – gegen die Nationalsozialisten oder einzelne ihrer Maßnahmen – wie die Bekämpfung des Judentums – unternahmen.

Von denen, die ernsthafte Überlegungen anstellten, wie ein Umsturz herbeigeführt werden könnte, befanden sich viele in einem schwierigen moralischen Konflikt. Sie mußten sich fragen, ob und, wenn ja, wie es gelingen könnte, Hitler und seine Regierung zu stürzen, ohne dabei zugleich Schaden für Deutschland herbeizuführen. War es möglich, »Hochverrat« zu begehen, das heißt die bestehende Staatsführung zu stürzen, ohne dabei zugleich »Landesverräter« zu werden, der seinem Vaterland Schaden zufügte und es dem Feind auslieferte?

Für einen Teil der zum aktiven Widerstand Bereiten und sich als aktive Widerständler Betätigenden gab es diese Frage nicht. Für Kommunisten war der Nationalsozialismus und mit ihm der Staat, der in ihren Augen weiter ein kapitalistisch-imperialistischer Staat war, zu bekämpfen. Für Deutschland konnte es ihrer Überzeugung nach nur gut sein, wenn die nationalsozialistische Herrschaft durch den Kommunismus abgelöst würde, gleichgültig wie dies geschehen oder ob dies durch einen Sieg der Roten Armee herbeigeführt werden sollte.

Für deutsche Kommunisten entstand eine gewisse Konfliktsituation, als Stalin sein Bündnis mit Hitler schloß. Es war aber kein tiefgehender Konflikt. Denn das kommunistische Ziel wurde nicht aufgegeben; nur das taktische Vorgehen brauchte geändert zu werden. Nach dem Ausbruch des Krieges mit der Sowjetunion war für den Kommunismus wieder alles eindeutig klar. Er hatte auf die Niederlage Deutschlands hinzuarbeiten.

Auch für manche, die aus ihrer religiösen Überzeugung zum aktiven Widerstand kamen, gab es keinen inneren Konflikt, wenn ihnen der Nationalsozialismus als das schlimmste Übel für ihr Christentum erschien. Der Sturz Hitlers und seiner Mitarbeiter, das Auslöschen des Nationalsozialismus, des von ihm bestimmten Denkens und Handelns war ihnen erstrebenswert. Alles andere, die Frage, was danach kommen könnte, welche Folgen es für Deutschland und das deutsche Volk haben würde, hatte für sie nachrangige Bedeutung.

Doch wer politisch und militärisch dachte und überlegte, was ein Vorgehen gegen Hitler nach sich ziehen mußte, für den lagen die Dinge nicht so einfach. Mit einem Attentat gegen Hitler waren, wenn es gelingen sollte, die Aufgaben nicht gelöst, wie wieder ein nichtnationalsozialistisches und weiterhin lebensfähiges Deutschland zu schaffen wäre. Zugleich mit Hitler mußten die anderen führenden Nationalsozialisten ausgeschaltet werden.

Denn was wäre erreicht, wenn an der Stelle Hitlers etwa Himmler oder Göring an der Spitze von Partei und Staat stehen würde? Wenn Goebbels nicht mit ausgeschaltet wäre, könnte er dann mit seiner Rednergabe und gestützt auf seinen Propagandaapparat nicht die Massen gegen die Umstürzler aufbringen, so daß nur ein Bürgerkrieg heraufbeschworen würde? Sein Ausgang wäre sehr zweifelhaft, wenn nicht die Wehrmacht auf seiten des Umsturzes stehen und die Polizei sich zumindest neutral verhalten würde.

Solche Bedenken, die schon in Friedenszeiten bestanden, erhielten nach Ausbruch des Krieges verstärktes Gewicht. Jede Handlung gegen das Staatsoberhaupt mußte auf die Kampfkraft des Heeres zurückwirken und das Verhalten der Verbündeten beeinflussen. So hatte ja auch das Attentat am 20. Juli 1944 zur Folge, daß die finnische Regierung – die in ihrer Haltung schon vordem schwankend gewesen war – sich entschloß, Verhandlungen mit der Sowjetunion über eine Kapitulation einzuleiten. Denn sie sah in dem Attentat einen Ausdruck des Tatbestandes, daß deutsche Militärs an dem Ausgang des Krieges zweifelten.

Entschiedene Gegner des Nationalsozialismus, die gern zum aktiven Widerstand bereit gewesen wären, sahen sich durch die geringen – verschwindend geringen – Aussichten für das Gelingen eines Umsturzes außerstande, etwas zu unternehmen. Diese Gegner des Nationalsozialismus waren nicht nur die Anhänger der Weimarer Republik, sondern zu ihnen waren alte Nationalsozialisten und so manche »Wegbereiter« Hitlers gestoßen, als sie erkannten, daß die Entwicklung unter Hitler ganz anders verlief, als sie es sich vorgestellt hatten. Mit Schrecken sahen sie die Verschlimmerung des Antisemitismus, den antikirchlichen Kurs, die Beschränkung der innerpolitischen Freiheiten, die Beherrschung der öffentlichen Meinung und die Lenkung des Denkens sowie vor allem die Führung einer Außenpolitik, mit der die Gefahr eines Kriegsausbruches wuchs.

Es waren gerade enttäuschte alte Nationalsozialisten und die vor und unmittelbar nach der Machtübernahme Hitlers zur Zusammenarbeit mit ihm Bereiten, die am entschiedensten seinen Sturz herbeiwünschten und zum Handeln entschlossen waren. Doch ein Vorgehen war nur möglich, wenn sie eine Unterstützung durch Militär erhielten. Es mußten Soldaten bereitstehen, die einen Widerstand von SA- und SS-Verbänden und vielleicht sogar von Polizeitruppen unter dem Kommando von Nationalsozialisten im Bedarfsfall niederschlagen konnten und zur Sicherung der Machtstellung einer neuen Regierung zur Verfügung standen.

Zu bedenken war auch, daß der überwiegende Teil der Bevölkerung, trotz aller allmählich aufkommenden Bedenken und wachsenden Wünsche nach Veränderung, bis in die letzten Kriegswochen hinein an Hitler glaubte und zu ihm hielt. Allzu groß war die Enttäuschung über das Versagen der Weimarer Politiker gewesen. Hitler hatte nach Jahren der Schmach und Schande unter dem Versailler Diktat das deutsche Volk wieder zu Ansehen und Geltung gebracht, er hatte nach bitterster wirtschaftlicher Not wieder Arbeitsplätze geschaffen und Wohlstand mit kaum erhofftem sozialen Fortschritt gebracht.

Als der ehemalige Reichswehrminister Gustav Noske von einem früheren Mitglied der SPD, der dem Widerstandskreis angehörte, der das Attentat vom 20. Juli 1944 ausführte, zur Mitwirkung in diesem Kreis aufgefordert wurde, gab er ihnen, wie er bei seinem Verhör erklärte, eine Absage, weil er ihr Vorgehen für aussichtslos hielt. »Die Arbeiter werden sich gegen euch stellen, denn Hitler hat ihnen gegeben, was wir ihnen versprochen hatten.« So wurde die Stimmung noch im letzten Kriegsjahr beurteilt. Vor dem Kriege mußte jeder, der einen Umsturz plante, mit noch entschiedenerem Widerstand der Bevölkerung rechnen. Die Bevölkerungskreise, die gegen den Nationalsozialismus eingestellt waren – seine politischen und religiösen Gegner –, waren zu klein, als daß von ihnen eine hilfreiche Unterstützung zu erwarten gewesen wäre.

In der Wehrmachtsführung und im gesamten Offizierskorps gab es von Anbeginn an einzelne Personen, die gern jede Gelegenheit zu einem Vorgehen gegen die nationalsozialistische Herrschaft benützt hätten und die untereinander Gespräche führten, wann und wie etwas unternommen werden könnte. Sie nahmen mit Zivilisten der verschiedensten Kreise Kontakt auf und berieten auch mit ihnen, was geschehen und was getan werden müßte, um eine Änderung herbeizuführen.

Als sich im Herbst 1938 die Sudeten-Krise zuspitzte und Hitler zum Krieg gegen die Tschechoslowakei entschlossen war, soll ein Kreis um General Erwin von Witzleben entschlossen gewesen sein, dieses Vorhaben Hitlers um jeden Preis zu verhindern und ein Attentat auf ihn zu unternehmen. Denn von Witzleben und die Männer um ihn befürchteten, daß eine militärische Aktion gegen die Tschechoslowakei einen Krieg mit Frankreich und England auslösen würde, der mit einer Katastrophe für Deutschland enden müßte.

Wieweit es sich bei diesen Attentats-Absichten wirklich schon um einen festen Aktionsplan oder erst um ein – wohl sicherlich ernst gemeintes – Planspiel handelte, darüber gehen die Ansichten der Historiker auseinander. Jedenfalls wurde nach dem »Münchener Abkommen« das Vorhaben aufgegeben, weil Hitler nun als der überlegene Politiker dastand, dessen Anhang im Volke größer und fester als je zuvor war.

Hitlers Entschlüsse, im September 1939 Polen und im Juni 1941 die Sowjetunion anzugreifen, bewog einzelne zum Widerstand Entschlossene zum Handeln, weil sie nach diesen beiden Entschlüssen katastrophale Folgen für Deutschland befürchteten. Sie sahen sich nicht in der Lage, etwas unmittelbar gegen Hitler zu unternehmen und gingen einen anderen Weg. Sie ließen Informationen über den geplanten Angriff den gegnerischen Staaten zukommen, in dem Glauben, daß diese Vorkehrungen gegen einen deutschen Angriff ergreifen und dadurch vielleicht Hitler im letzten Augenblick von seinem Vorhaben abschrecken könnten.

Sie nahmen es hin – der eine oder andere von ihnen mag es bewußt in seiner Absicht gehabt haben –, daß die Gegner durch diese Informationen militärische Vorteile gegenüber den deutschen Streitkräften erhielten, die dazu beitragen würden, daß Deutschland im Kriege unterliegen würde. Eine Niederlage Deutschlands in diesem Kriege hielten sie für besser als einen Sieg Hitlers, mit dem die Herrschaft des Nationalsozialismus gefestigt und über einen größeren Bereich ausgedehnt würde.

Aufgrund der Überzeugung, daß ein Sieg Hitlers unbedingt verhindert werden müßte und eine schnelle Niederlage Deutschlands jeder Verlängerung des Krieges, jedem »Durchhalten« vorzuziehen sei, fanden sich Männer und Frauen, die sich zum Widerstand zählten, bereit, dem Ausland mit Informationen zu dienen. In erster Linie stellten sich Anhänger des Kommunismus – vorwiegend aus den Kreisen Intellektueller – dem sowjetischen Nachrichtendienst zur Verfügung, der sie schon vor dem Kriege in seine Netze einbaute. Doch auch anders Eingestellte – Christen, die alles, was mit dem Nationalsozialismus verbunden war, verwarfen, Sozialisten, Demokraten, aber auch Konservative – ließen sich für die sowjetischen, britschen und amerikanischen Nachrichtendienste anwerben. In den besetzten Gebieten arbeiteten sie mit den dort aktiven Widerstandsorganisationen zusammen, gaben ihnen Informationen, die ihnen bei den Sabotagehandlungen halfen und sie vor dem Zugriff der deutschen Truppen oder der Polizei schützten.

Zu diesen Antinationalsozialisten, die rein aus ihrer Überzeugung für die Nachrichtendienste der Feindstaaten tätig waren, kamen andere hinzu oder wurden bei ihnen eingeschleust – und diese Feststellung bedeutet keine Ehrabschneidung für die, die allein aufgrund ihrer Überzeugung handelten –, bei denen materielle Gründe mitspielten oder ausschlaggebend waren. Sie waren gekaufte Agenten oder hofften darauf, daß sie aufgrund ihrer Verbindung zu den Siegermächten nach der Niederlage Deutschlands bessergestellt sein würden als die übrigen Deutschen und auf die eine oder andere Weise – durch Erlangung vorteilhafter Stellungen und Betrauung mit höheren Ämtern – ihren Vorteil erlangen würden. Die Ablehnung des Nationalsozialismus, die bei ihnen sicherlich vorhanden war, gab ihnen eine moralische Rechtfertigung für ihr Handeln.

Im Spiel der Spionage fehlten auch nicht die Doppelagenten, die für beide Seiten tätig waren, und die ganz Schlauen, die sich von der einen Seite, auch von beiden, den Auftrag geben ließen, um der anderen als Doppel-Doppel-Agenten falsche Informationen, »Spielmaterial«, zuzuspielen. Sie konnten hoffen, beim Ausgang des Krieges, wer immer siegen mochte, als ein Mitarbeiter des Siegers dazustehen.

Die meisten der Männer und Frauen, die den Widerstandskreisen angehörten, die am Attentat vom 20. Juli 1944 beteiligt waren, waren Patrioten, die in ihrem Kampf gegen Hitler und den Nationalsozialismus nichts unternehmen wollten, was Deutschland schaden konnte. Sie waren zum »Hochverrat« entschlossen, wollten aber keine »Landesverräter« sein. Mehrere von ihnen gaben sich der Illusion hin, daß die Feindmächte einer nichtnationalsozialistischen Regierung erträgliche Friedensbedingungen zugestehen würden.

Über Freunde und Bekannte im neutralen Ausland versuchten sie, mit britischen und amerikanischen Regierungsstellen Kontakt aufzunehmen, um Zusicherungen oder wenigstens Hinweise auf eine Bereitschaft zu Verhandlungen mit einer nichtnationalsozialistischen deutschen Regierung zu erhalten. Mit solchen Hinweisen hätten sie bei vielen der führenden Militärs eine Bereitschaft zur Zusammenarbeit mit ihnen erlangen und damit die Erfolgsaussichten für ein Gelingen des Umsturzes wesentlich verbessern können.

Aber sie fanden keine Verhandlungsbereitschaft auf der Gegenseite. Die Regierungen der Alliierten hatten sich festgelegt auf die bedingungslose Kapitulation Deutschlands. Davon wollten sie auf keinen Fall abgehen. Die Hoffnung, daß nach dem Ende des Kampfes eine nichtnationalsozialistische Regierung vielleicht doch besser behandelt würde als eine geschlagene nationalsozialistische Regierung, mag noch bestanden haben, als der Widerstandskreis am 20. Juli 1944 zum Handeln schritt. Doch wie auch immer die Regierungen der alliierten Staaten sich verhalten würden, sie waren davon überzeugt, daß unter der Regierung Hitlers eine Katastrophe für Deutschland der Lage der Dinge nach unabwendbar war und deshalb durch ihren Sturz nichts Schlimmeres herbeigeführt, vielleicht doch noch Besseres erreicht werden könnte.

Schuld und Mitschuld

Ein reines Urteil ist nur möglich,
wenn man jedweden nach dessen eigenem Standpunkt,
nach dem ihm innewohnenden Bestreben würdigt.

von Ranke

Im Frühjahr 1944 veröffentlichte der schwedische Nationalökonom Gunnar Myrdal ein Buch unter dem Titel »Warnung vor Friedensoptimismus« (Varning för fredsoptimisme). Er warnte: »Laßt es uns klar aussprechen, es ist Hitlers Geist, der siegt, nachdem seine Armeen niedergeschlagen und seine Gestapo vernichtet sein werden.« Er sollte mit dieser Warnung nur allzusehr recht behalten.

Die Schreckenstaten, die von Soldaten der Roten Armee bei ihrem Eindringen in Deutschland verübt wurden, die Vertreibung von Millionen von Deutschen durch Polen und Tschechen mit den unmenschlichen Mißhandlungen und Tötungen und das grauenhafte Vorgehen französischer Widerstandskämpfer und von Franzosen, die Widerstandskämpfer gewesen sein wollten, gegen einzelne in Frankreich verbliebene Deutsche und gegen Franzosen, die »Collaborateure« gewesen waren oder als solche hingestellt wurden – alles dies waren mehr Reflexhandlungen auf Missetaten, die unter Hitler begangen worden waren, als ein Ausdruck der Übernahme und des Fortlebens seines Geistes bei den Siegern.

Eine ähnliche Gesinnung zeigte sich bei den westlichen Siegermächten darin, daß sie Greueltaten an Deutschen und ihre Vertreibung hinnahmen und duldeten, daß sie die kriegsgefangenen Staatsangehörigen der Sowjetunion, die auf deutscher Seite gekämpft hatten, an die Sowjetunion und damit ihrem sicheren Tode auslieferten. Es war ein Geist, der, wenn es um politische und andere Zweckmäßigkeitserwägungen ging, sich über das Recht anderer, über Menschenrechte und Sittlichkeit hinwegsetzte.

So, wie für Hitler die Juden als Angehörige einer Rasse, in der er eine Gefahr für die Menschheit sah, verdammenswert waren, gleichgültig, wie der einzelne Jude sich verhalten mochte, waren für die Verantwortlichen der Siegermächte – und für einen großen Teil der durch ihre Propaganda beeinflußten Bevölkerung dieser Staaten – die Deutschen verdammenswert ohne Hinblick darauf, wie einzelne Volksteile und einzelne Deutsche sich verhalten haben mochten. Daß Millionen von ihnen vertrieben und mißhandelt, viele getötet und ihre Kampfgefährten der Hinrichtung überantwortet wurden, zählte für sie wenig. Es waren Deutsche und ihre Mitstreiter, also alle miteinander rechtlos.

Es kann als ein Akt der Rechtsverachtung angesehen werden, als mit den – auf der Konferenz von Potsdam im Juli 1945 von Churchill und seinem Nachfolger als britischer Premierminister, Clemens Attlee, Stalin und Truman beschlossenen und danach von Frankreich mitgetragenen – Kriegsverbrecherprozessen vor einem hierfür geschaffenen Sondergericht, dem Internationalen Militärtribunal, mit seinem Charakter der Sondergerichtsbarkeit, ein Schauprozeß veranstaltet wurde, der weniger der Rechtsfindung, sondern in hohem Maße der Propaganda galt.

Den westlichen Siegern ging es darum, das Verbrecherische des Nationalsozialismus darzustellen, damit keine Zweifel daran aufkommen sollten, daß ihr Kampf dem Nationalsozialismus und nicht etwa Deutschland gegolten habe. Daß zugleich aber das deutsche Volk in seiner Gesamtheit – die Nichtnationalsozialisten in gleicher Weise wie die

Nationalsozialisten – für die Taten der Verbrecher zu sühnen hatte, darin wurde kein Widerspruch gesehen. Die kommunistische Führung der Sowjetunion benutzte die Nürnberger Prozesse, um ihre These zu bekräftigen, daß der nationalsozialistische Angriff auf ihr Land vom »Imperialismus der Kapitalisten« herbeigeführt worden war.

Namhafte Rechtsgelehrte und Richter haben festgestellt, daß die Statuten des Tribunals, die Einsetzung seiner Richter und seine Verfahrensweise nicht mit einer objektiven Rechtsfindung vereinbar waren. Einer seiner krassesten Rechtsverstöße war, daß sich das Tribunal über den Rechtsgrundsatz »nulla poena sine lege« (keine Strafe ohne Gesetz) hinwegsetzte.

Wenn es den Siegern nur um eine gerechte Strafe für Verbrechen gegangen wäre, hätten sie die Angeklagten vor ordentliche Gerichte stellen und nach den Gesetzen aburteilen lassen können, die vor 1933 gegolten hatten. Soweit sie von den Nationalsozialisten außer Kraft gesetzt waren, hätten sie diese wieder in Kraft setzen können. Kein Schuldiger wäre seiner gerechten Strafe entkommen. Doch es ging ihnen weniger um Rechtsprechung, sondern um die Benutzung von Gerichten für Propagandazwecke.

Vom Geist der Kollektivverurteilung getragen war auch die Diffamierung des gesamten deutschen Volkes, die deutlich damit zum Ausdruck gebracht wurde, daß den in Deutschland einrückenden Truppen jede persönliche Fühlungnahme mit der Bevölkerung, »Fraternisierung«, strikt untersagt wurde. Die Pläne, Deutschland wirtschaftlich niederzuhalten – die auch nach der Aufgabe des in dieser Hinsicht allzu weit gehenden »Morgenthau-Planes« weiterhin die Deutschen zu einem Volk minderen Rechts und minderen Wertes machen sollten –, entsprachen dem gleichen Ungeist.

Nur die Feststellung, daß ohne Kohle aus Deutschland das gesamte nördliche Westeuropa – von Frankreich über Belgien und die Niederlande bis Norwegen und Dänemark – im Winter 1945/46 in eine böse Notlage geraten könnte, ließ die amerikanische und die britische Besatzungsmacht im Laufe des Jahres 1945 überlegen, ob es nicht doch ratsam sei, das Niederdrücken der deutschen Wirtschaft zu mildern. Denn die Bergleute sollten arbeiten, und damit sie arbeiteten, mußten ihnen Lebensmittel und andere Gebrauchsgegenstände, wie vor allem Kleidung und Hausrat, zur Verfügung gestellt werden. Die Hungerrationen an Lebensmitteln mußten ebenfalls aufgebessert werden, weil mit der Hungersnot die Seuchengefahr wuchs und Seuchen aus der Bevölkerung auf die Besatzungstruppen hätten übergreifen können.

Mit der Minderung des wirtschaftlichen Druckes wurde das Fraternisierungs-Verbot – an das sich die meisten Besatzungstruppen bis hinauf zu einzelnen Kommandeuren ohnehin nicht lange gehalten hatten – immer weniger beachtet und schließlich aufgehoben. Hilfeleistungen aus dem Ausland für die notleidende deutsche Bevölkerung wurden zugelassen und schließlich sogar von den Besatzungsbehörden organisiert.

Dafür lief aber die »Entnazifizierung« weiter, und die Besatzungsbehörden betrieben die »Re-education«. Dieses im angelsächsischen Sprachgebrauch neu aufgekommene Wort – das strikt genommen Zurück-Erziehung oder Erziehungs-Beseitigung ausdrückt – ist mit »Umerziehung« übersetzt worden. Die Deutschen sollten nun wieder von Nationalsozialisten zu braven, Recht und Gesetz liebenden Demokraten umerzogen werden. Selbst wenn man das akzeptierte, vertrug sich es schlecht mit der gleichzeitig laufenden Entnazifizierungspolitik.

Diese war im Grundsatz von den Siegermächten auf der Konferenz von Jalta im Februar 1945 beschlossen und auf der Konferenz von Potsdam im Juli/August 1945 noch einmal ausdrücklich festgelegt worden. Ihr Ziel war, Nationalsozialisten zu bestrafen, sie von jeder weiteren Mitwirkung im öffentlichen – im politischen, kulturellen und wirtschaftlichen – Leben auszuschließen, um ein Wiederaufleben des Nationalsozialismus unmöglich zu machen. Jeder erwachsene Deutsche sollte überprüft werden. Wer sich als Nationalsozialist betätigt hatte, sollte entsprechend seiner Betätigung bestraft und zu Sühnemaßnahmen herangezogen werden.

Für die Bemessung der Strafen und Sühnemaßnahmen wurden die Nationalsozialisten in fünf Kategorien eingestuft. In die erste Stufe fielen – nach dem Wortlaut der Gesetze der drei westlichen Besatzungszonen – die »Hauptschuldigen«, in die zweite die »Belasteten«, in die dritte die »Minderbelasteten«, in die vierte die »Mitläufer« und in die fünfte die »Entlasteten«. Das Gesetz der sowjetischen Zone sprach für die ersten drei Stufen von Hauptverbrechern, dann von Verbrechern erster Stufe und schließlich Verbrechern zweiter Stufe.

Auf Fragebögen hatte jeder anzugeben, ob er einer nationalsozialistischen Organisation angehört hatte und, wenn ja, welcher. Aufgrund der Zugehörigkeit zu einer der nationalsozialistischen Organisationen, die unterschiedlich als »verbrecherische«, wie fast alle SS-Organisationen, oder als »nichtverbrecherische«, wie zum Beispiel die NS-Volkswohlfahrt, eingestuft waren, erfolgte dann die Einstufung des einzelnen in eine der fünf Kategorien und die Verhängung der Straf- und Sühnemaßnahmen, die bis zur Internierung oder Gefängnis bis zu zehn Jahren gingen, Vermögenseinziehung, Amts- und Pensionsverlust, Berufsverbot,

Geldbußen, Aberkennung des Wahlrechts und der Wählbarkeit und andere Strafen und Benachteiligungen brachten.

Nicht das, was der einzelne getan und unterlassen hatte und was seine Handlungen bestimmt hatte, sondern die Zugehörigkeit zu einer Organisation bestimmte seine Einstufung und, wenn er betroffen war, das Strafmaß. Die Bewertung der Organisationen erfolgte ebenfalls schematisch und zum Teil recht willkürlich. So wurde die Reiter-SS als nichtverbrecherisch, die Motor-SS dagegen als verbrecherisch bezeichnet. Der Volksmund sprach vom Sieg des Pferdes über den Motor. Zu dem Freispruch der Reiter-SS von einem verbrecherischen Charakter, der sonst allen SS-Organisationen zugewiesen wurde, mag beigetragen haben, daß anderenfalls der Prinzgemahl der niederländischen Königin, als er noch deutscher Staatsangehörigkeit war, das Mitglied einer verbrecherischen Organisation gewesen wäre.

Die Entnazifizierung widersprach in ihrem Ausgang und ihrer Durchführung rechtsstaatlichen Grundsätzen. Hinzu kam, daß die Spruchkammern einerseits schematisch urteilten, andererseits die Entscheidungen von Spruchkammer zu Spruchkammer und innerhalb der Spruchkammern bei vielen Einzelfällen sehr unterschiedlich ausfielen, so daß von einer Gleichheit vor dem Gericht nicht gesprochen werden konnte; es ergab sich eine willkürliche Ungleichheit.

Nach rechtsstaatlichen Grundsätzen konnten bei der Widerherstellung eines ordentlichen Gerichtswesens in Deutschland die Entscheidungen der Spruchkammern nicht aufrechterhalten werden. Deshalb bestimmten die Verfassungsgesetze der einzelnen Länder der Bundesrepublik, das Grundgesetz in Artikel 139, daß sich niemand wegen der Entscheidungen in der Entnazifizierung auf die im Grundgesetz festgestellten Rechte berufen könne. Mit dieser Bestimmung wurde verhindert, daß es zu einer Flut von Prozessen zur Aufhebung von Entscheidungen der Spruchkammern und zur Durchsetzung von Entschädigungsforderungen für die Nachteile kam, die viele, viele einzelne durch die Entscheidungen erlitten hatten.

Einer Rückführung Deutscher zu demokratischer Gesinnung hat die Entnazifizierung nicht gedient. Sie hat viele Unschuldige mit harten Strafen belegt, während nicht wenige wirklich Schuldige Schlupflöcher fanden, um der Bestrafung zu entgehen. Auf der einen Seite fanden sich üble Denunzianten, die gegen persönliche Gegner oder wirtschaftliche Konkurrenten bei den Spruchkammern Anzeige erstatteten und falsches Zeugnis ablegten. Auf der anderen Seite traten Zeugen mit günstigen Aussagen für zu Recht und zu Unrecht im Verfahren Stehende auf. Mit schriftlich niedergelegten Testaten, den »Persil-Scheinen«, wuschen sie Beschuldigte rein, wie das Waschmittel die schmutzige Wäsche.

Die meisten, die Entlastungszeugnisse abgaben, taten dies, um einem in Bedrängnis geratenen Freund oder Bekannten oder dem Freund eines Freundes zu helfen. Einige taten dies für materielle Gegenleistungen. Andere, und dies waren gar nicht so wenige, machten ihre Aussagen zur Entlastung eines Beschuldigten, um als Gegenleistung auch von ihm selbst oder aus seinem Kreise eine Aussage zur eigenen Entlastung zu erhalten.

Mitglieder der Partei und ihrer Gliederungen bescheinigten sich gegenseitig – oder im Dreieck –, daß sie der nationalsozialistischen Organisation nur unter Zwang oder zur »Tarnung« der wirklichen Gesinnung angehört hatten. In Wirklichkeit seien sie keine Nationalsozialisten, sondern sogar deren Gegner gewesen. Wahres mischte sich in solchen Aussagen mit Unwahrem. Wer hatte nicht einmal etwas gegen Mißstände in der Partei und über Missetaten von Nationalsozialisten gesagt und konnte dies in der Entnazifizierung, von Freunden oder Bekannten »an Eides statt« versichert, zu seinen Gunsten geltend machen.

Nicht wenige haben ihren Beitrag zum Widerstand erheblich aufgebauscht und zum Teil ganz frei erfunden. Es meldeten sich als Widerstandskämpfer natürlich auch diejenigen, die aus unlauteren Motiven mit den Feindmächten zusammengearbeitet hatten. Sie konnten sich darauf verlassen, daß ihre wahren Beweggründe und das, was sie getan hatten, nicht nachgeprüft wurden, und waren deshalb enttäuscht darüber, daß die Vorteile, die sie von den Siegermächten erhofft hatten, ausblieben – nach dem alten, von ihnen nicht in Erwägung gezogenen Erfahrungssatz: Man nutzt den Verrat, liebt aber nicht den Verräter. Doch als Ersatz für die nicht gekommene Vergünstigung von den Siegermächten gewannen sie das Ansehen der Widerstandskämpfer, das ihnen viele Wege ebnete und Vorteile verschaffte.

Von den Nationalsozialisten, die – sei es hingerissen von ihrem fanatischen Glauben an die vermeintliche Aufgabe der Bewegung und den Führer, sei es aus opportunistischen Erwägungen – sich an Verbrechen und Schandtaten beteiligt hatten, wurden nur einzelne vor dem Tribunal in Nürnberg und vor den Entnazifizierungs-Spruchkammern sowie bei späteren Kriegsverbrecher-Verfahren vor ordentlichen Gerichten von Erkenntnis und Reue so erfaßt, daß sie ihre Verfehlungen zugaben und bereit waren, dafür die Strafe auf sich zu nehmen. Manch einer, der wohl seine Missetaten erkannte und bereute, suchte die Entlastung, um die Strafe zu vermeiden.

Ehrlich überzeugte Nationalsozialisten, die keine Schandtat begangen, sondern in ihrem Glauben an den Führer nur

Gutes gewollt, in ihrer Überzeugung und ihrem Glauben gehandelt und dabei persönlich schwere Opfer gebracht hatten, wurden jetzt hart bestraft. Geschickte Opportunisten, die sich aus diesem Opportunismus der Partei oder einer ihrer Gliederungen angeschlossen hatten, die aus der Zugehörigkeit zu den nationalsozialistischen Organisationen Nutzen gezogen und sich in Extremfällen an verbrecherischen Handlungen beteiligt hatten, verstanden es oft am besten, sich als Nichtnationalsozialisten und sogar als Angehörige einer Widerstandsgruppe darzustellen.

Einzelne Mitglieder der NSDAP und ihrer Gliederungen, die ihre Mitgliedschaft und ihre Stellung in der Partei oder einer der Gliederungen während der Herrschaft Hitlers für ihre persönlichen Vorteile ausgenutzt und in ihrer Korruption so weit gegangen waren, daß sie vor das Gericht der Partei gestellt und von ihm zu KZ-Strafen verurteilt worden waren, verstanden es, sich 1945 als »Opfer des Nationalsozialismus« hinzustellen. Sie traten als »Widerstandskämpfer« auf und hatten damit vollen Erfolg.

Neben verschlagenen Lügnern, die mit ihrem Vorgehen die aus den Zeitumständen sich bietenden Chancen zu ihrem Vorteil nutzten, stand eine große Zahl anständiger Menschen, die sich zu Notlügen – im wahrsten Sinne dieses Wortes – gezwungen fühlten, um für sich selbst und ihre Angehörigen, für die sie zu sorgen hatten, Not abzuwenden. Wenn sie als Angehörige einer nationalsozialistischen Organisation – gleichgültig, wie sie während der Herrschaft Hitlers sich persönlich verhalten hatten – verurteilt wurden, dann verloren sie ihre Stellung und ihr Einkommen, wurden obendrein in Internierungslagern gefangen gesetzt und brachten die auf den Ertrag ihrer Arbeit angewiesenen Angehörigen in eine schlimme – in den Jahren 1945 bis 1948 sehr schlimme – Lage. Sie mußten also erklären und den

Nachweis erbringen, daß sie keiner der »verbrecherischen« Organisationen angehört hatten oder ihr nur zur Tarnung beigetreten waren. Sie mußten die Mitgliedschaft abstreiten und, wenn ihnen das nicht gelang, nachweisen, daß sie trotz der Mitgliedschaft keine Nationalsozialisten gewesen waren. In gleicher Weise, wie es bei der Machtübernahme Hitlers für Nichtnationalsozialisten und Gegner des Nationalsozialismus von Vorteil und in vielen Fällen lebenswichtig war zu erklären und zu beweisen, daß sie immer schon Nationalsozialisten gewesen waren, war es jetzt von Vorteil und lebenswichtig darzulegen, niemals eine nationalsozialistische Gesinnung gehabt zu haben.

Da weitaus die meisten Menschen auf die Dauer nicht mit einer Lüge leben können, glaubten damals, nach dem 30. Januar 1933 und nun wieder nach den Entnazifizierungsverfahren, fast alle das, was sie erklärt und, wenn es ihnen geglückt war, nachgewiesen hatten. Die Vergangenheit und ihre Einstellung und ihr Handeln in dieser Vergangenheit erschienen ihnen jetzt ganz anders, als es wirklich gewesen war. Diese Veränderung der Blickweise und des Urteils hat vieles, was in den Jahren 1933 bis 1945 geschehen war, in einem verzerrten Bild erscheinen lassen. Manches Üble erscheint verschönt, und manches, was gut und lobenswert war, erscheint als verdammenswert.

In einem auffälligen Gegensatz stehen seitdem viele einzelne in gutem, hellem Licht, die Gesamtheit der Deutschen und alles, was sie getan hatten und wie es sich abgespielt hatte, in bösem, dunklem Licht da. Für alles Schreckliche, Grauenhafte, das »im deutschen Namen« geschehen war, wird dann – nachdem viele der einzelnen Missetäter ihre geringe Mitschuld oder Unschuld von Spruchkammern und Gerichten bestätigt erhalten hatten – eine Gesamtschuld aller Deutschen festgestellt.

Die These der »Kollektivschuld«, die der 1935 in die Schweiz ausgewanderte evangelische Theologe Karl Barth und mit ihm andere evangelische Theologen verkündeten, hat eine tiefe Wirkung ausgeübt, zugleich auch theologische Auseinandersetzungen ausgelöst. In der katholischen Theologie gibt es keine Kollektivschuld. Auf dem Zweiten Vatikanischen Konzil im Jahre 1965 wurde dies – in der Erklärung über nichtchristliche Religionen – im Hinblick auf die behauptete Kollektivschuld der Juden an der Kreuzigung Christi eindeutig ausgesprochen. Schuld kann nur einem einzelnen zugewiesen werden, der Schuldhaftes getan hat. In der evangelischen Theologie gibt es keine so klare Stellungnahme. Sie kann nicht daran vorübergehen, daß Kollektivschuld kein Rechtstatbestand ist. Viele evangelische Theologen sehen aber in einer gemeinsamen Verantwortung aller Deutschen für das, was »im deutschen Namen« geschehen ist, die Kollektivschuld.

Wer anstelle von »Kollektivschuld« von »Kollektivhaftung« spricht, der fällt kein moralisches Urteil mehr, sondern stellt einen Tatbestand fest – einen Tatbestand, der gegeben ist, mag man ihn rechtlich oder auch moralisch für begründet oder nicht begründet halten. Die Deutschen sind für das, was unter Hitler geschehen ist, haftbar gemacht, sind dafür aufs härteste bestraft worden und haben dafür sühnen müssen. Ja, sie werden auch in der Generation, die nach dem Tode Hitlers geboren ist, noch weiter bestraft und müssen weiter sühnen.

Sie leiden unter dem Makel, der den Deutschen anhaftet für alles Schändliche, was unter ihrem Namen zur Zeit Hitlers begangen worden ist. Wer wollte wohl dem russischen Volk in seiner Gesamtheit einen Makel für alles aufdrücken, was Stalin und seine Helfershelfer verbrochen haben, und für das, was heute noch die Nachfolger verbrechen? Wer wollte in gleicher Weise andere Völker verurteilen, in deren Staatsgebiet unter totalitärer Diktatur Gesetz und Recht mißachtet werden?

Es hat in Deutschland zu Hitlers Zeit viele – allzu viele – Missetäter gegeben. Es hat aber auch Menschen gegeben, die Gutes getan und sich aufgeopfert haben, um Böses zu verhindern. Der Gott des Alten Testaments wollte Sodom nicht verderben, wenn es zehn Gerechte in der Stadt gab. Wieviel Gerechte hätte Deutschland wohl aufweisen sollen, damit kein Verdammungsurteil über das gesamte Volk gefällt worden wäre?

Philippe de Commynes, der als ein Vorläufer oder auch als der Vater der modernen Geschichtsschreibung gilt, hat festgestellt: »Nur der Sieger hat die Ehre.« Er trägt den Ruhm. Sein Sieg erscheint gerechtfertigt, so wie der Besiegte als der Schuldige am Krieg und an allem Übel, das der Krieg gebracht hat, gilt. Doch selten ist ein Volk nach seiner Niederlage so hart verurteilt worden wie das deutsche. Das liegt nicht allein daran, daß der von Hitler ausgelöste Krieg größere Greueltaten gebracht hat als andere Kriege. Deutschland und die Deutschen sind häufig anders beurteilt worden als andere Staaten und Völker.

Das hat seine besonderen Gründe. Es sind einmal simple, vordergründige und recht materialistische Ursachen: die Furcht vor seiner politischen und wirtschaftlichen Machtstellung; der Wunsch, den Konkurrenten niederzuhalten oder auszuschalten. Das Schicksal hatte es gewollt, daß Deutschland sich aus vielen machtlosen Kleinstaaten zusammenschloß, als andere größere und große Nationalstaaten schon bestanden. Auch seine Industrialisierung begann später als die in anderen Ländern. Der »Neuling« schuf eine Veränderung der politischen und wirtschaftlichen Weltlage. Er wurde als lästiger Störenfried empfunden und deswegen härter kritisiert, schärfer beurteilt und leichter verurteilt.

Doch bei der Kollektivverurteilung, der Verfemung der Deutschen in ihrer Gesamtheit spielt, nach dem Zweiten Weltkrieg noch anderes, Tieferliegendes mit. Durch das Herausstellen der Schuld der Besiegten möchte der Sieger eigenes Verschulden – mag es viel oder geringer gewesen sein als das Verschulden des Besiegten – zurücktreten lassen, damit andere sich nicht damit beschäftigen und er es bei sich selbst leichter verdrängen kann. »Wer unter euch ohne Sünde ist, der werfe den ersten Stein auf sie«, sagte Jesus zu den Schriftgelehrten und Pharisäern, die ihm eine Sünderin vorführten, die nach mosaischem Recht durch Steinigung getötet werden sollte. Waren – und sind – die, die Steine auf die Deutschen geworfen haben – und die, die auch noch weiter Steine werfen –, ohne Sünde, oder wollen sie mit den Steinen, die sie werfen, von eigenen Verfehlungen ablenken?

Die eigenen Verfehlungen, das sind einmal die vielen kleinen und großen Kriegsverbrechen, die von den Siegermächten, von ihren Kommandierenden und von ihren Truppen begangen und die vor kein Tribunal zur Aburteilung gebracht worden sind. Das sind zum anderen die zum Völkerrecht und Menschenrecht in Widerspruch stehenden Vertreibungen und Ermordungen von Deutschen und ihren Mitstreitern nach der Niederlage.

Dahinter steht aber noch etwas anderes, das zur anhaltenden Verurteilung der Deutschen beiträgt. Eigene Schuld der Richter über die Deutschen, der sie sich bewußt sind oder die in ihrem Unterbewußtsein liegt und hervorzudringen droht, wird durch das ständige Betonen der Schuld der Deutschen überdeckt. Wenn sie ihr Verhalten offen prüfen würden, müßten sie fragen, was haben die Siegermächte des Ersten Weltkrieges dazu beigetragen, daß Hitler zur Macht kam, als sie in Versailles gegen vertragliche Verpflichtungen und Völkerrecht die Deutschen einem Diktat unterwarfen und an der Politik der Behandlung der Deutschen als einer zweitklassigen Nation festhielten, der gegenüber Vertragsverpflichtungen nicht eingehalten zu werden brauchen?

Wie mußte es auf die Deutschen wirken, daß Hitler mit seinem Vorgehen deutsche Rechtsansprüche durchsetzen konnte, die vordem den demokratischen Regierungen verweigert wurden? Warum haben der Völkerbund und die durch Verträge verpflichteten Staaten nichts unternommen, um die Rechte der deutschen Minderheiten, ihre wirtschaftliche Existenz und ihr kulturelles Leben zu schützen? Wie konnten sie es dulden, daß Ausschreitungen schlimmster Art, Mißhandlungen, Totschlag und andere Rechtsbrüche gegen Angehörige der deutschen Minderheit begangen wurden, ohne auch nur das geringste dagegen zu unternehmen? Wie konnten sie den Polen angesichts der auf die Dauer unhaltbaren Zustände mit dem »Korridor« und der Danziger Frage für eine unnachgiebige Haltung den Rücken stärken, statt sie zum Einlenken auf einen tragbaren Kompromiß zu bewegen?

Dieses Verhalten hat zur Zuspitzung der Konfliktsituation beigetragen. Es hatte – und das ist seine verhängnisvolle Auswirkung – zur Folge, daß die Deutschen in ihrer Mehrheit keine andere Möglichkeit sahen, als Hitler auf seinem Weg in den Krieg zu folgen, wenn sie nicht ihre Volksgenossen jenseits der Reichsgrenzen in ihrer Not im Stich lassen wollten. Und die unselige Forderung nach »bedingungsloser Kapitulation«, die Verweigerung jedes Vertragsfriedens, nach dem Angehörige von Widerstandskreisen nachfragten, hat einen größeren Widerstand gegen Hitler verhindert und zur Verlängerung des Krieges mit seinen furchtbaren Opfern beigetragen. Ganz zu schweigen davon, daß damit – und deshalb hielt Stalin so entschieden an einem Krieg bis zur bedingungslosen Kapitulation fest – das Vordringen der Roten Armee so weit nach Westen und die Einbeziehung der osteuropäischen Staaten bis zur Tschechoslowakei in den kommunistischen Machtbereich möglich gemacht wurde.

Ganz frei von einer »Mitschuld« – um diesen Ausdruck aus der Entnazifizierung hier zu gebrauchen – an den Millionen Todesopfern bei der »Endlösung der europäischen Judenfrage« sind andere Staaten nicht. Sie wollten die Juden, die Hitlers Helfershelfer nicht im deutschen Machtbereich dulden wollten, auch nicht in ihrem Staatsgebiet aufnehmen. Das britische und amerikanische Oberkommando lehnten es ab, mit ihren Luftstreitkräften Kampfhandlungen durchzuführen, mit denen möglicherweise die Mordaktionen erschwert oder unterbunden werden konnten.

Durch den Ablauf der Jahre, die seit dem Tode Hitlers vergangen sind, und die Wandlungen der Weltlage, die eine engere Zusammenarbeit der westlichen Staaten und auch des Ostblocks sowie der Entwicklungsländer mit Deutschland notwendig gemacht haben, sind die Anschuldigungen gegen die Deutschen und ihre Verfemung schwächer geworden. Sie sind aber nicht verschwunden. Von Zeit zu Zeit brechen in der Weltöffentlichkeit antideutsche Stimmungen hervor, in denen auf die Greueltaten der Hitlerzeit hingewiesen wird. Man will nicht davon abgehen, den Deutschen die Alleinschuld dafür zuzuschreiben, daß sie sich anders verhalten haben als die Angehörigen anderer Völker.

Die Deutschen haben sich nach dem Zusammenbruch von 1945 – trotz der Fehler, die von den Siegermächten in der Re-education und Entnazifizierung begangen wurden – vom Nationalsozialismus gelöst und sind nach den Erfahrungen unter einer Diktatur zu guten Demokraten geworden. Die Gefahr, daß »neonazistische« und dazu antisemitische Strömungen aufkommen und stärker werden, wird – wie die Wirkung der Kriegsschuldlüge in der Weimarer Zeit und der Hitlerzeit zeigt – am ehesten durch eine fortdauernde Diffamierung geweckt.

Die falsche Beurteilung des Verhaltens und der Handlungen der Deutschen in der Hitlerzeit hat bedenkliche Fehlentwicklungen nach 1945 verursacht, die noch weitere Folgen nach sich ziehen können. Für die Nachkriegsgeneration ist es unbegreiflich, daß ihre Eltern Hitlers Partei haben unterstützen oder zumindest eine solche Regierung haben dulden können. Von den Vätern, die mit den Notlügen in der Entnazifizierung ihre Existenz und die Lebensmöglichkeit ihrer Familien sichern mußten, konnten sie keine Antworten erhalten, die sie befriedigten. Sie haben das Unwahrhafte gespürt. Das hat viel zur Trübung und Störung des Verhältnisses zwischen den Generationen und zum Ausbruch und zur Verschärfung der Jugendrevolte mit den antidemokratischen Aktionen der sechziger Jahre beigetragen.

Auch andere bedenkliche Entwicklungen sind durch die Verzerrung des Bildes der Hitlerzeit verursacht oder, soweit noch andere Ursachen im Spiel waren, verstärkt worden. Hitler hatte es verstanden, Anhänger dadurch zu gewinnen, daß er Tugenden und Werte, die in der Weimarer Zeit von vorherrschenden Zielströmungen nicht genügend beachtet – nach nationalsozialistischer Auffassung sogar »zersetzt« – worden waren, wieder zu Ansehen und Geltung brachte. Gemeinsinn und Volksgemeinschaft, Vaterlandsliebe bis zur persönlichen Hingabe standen dabei an erster Stelle. Das Emotionale, das in der Weimarer Zeit so gering bewertet, oft verachtet worden war, wußte Hitler zu wecken und zu pflegen.

Er nutzte dies alles dann für seine Ziele. Die Menschen, die er damit als Anhänger gewann, machte er zu Gefolgsleuten, die ihm blindlings bis in den Abgrund folgten. Das erreichte er durch die Übersteigerung der vor ihm vernachlässigten Gefühle. Der Gemeinschaft wurde ein solcher Wert beigemessen, die Betätigungen in Gemeinschaften so vergrößert, daß das Eigenleben des einzelnen, seine Individualität, immer stärker eingeschränkt, schließlich unterdrückt wurde. Aus der Vaterlandsliebe wurde fanatischer Nationalismus und Chauvinismus. Das Emotionale nahm überhand und erstickte vernunftgemäßes Denken.

Die Verurteilung und Verdammung alles dessen, was in der Hitlerzeit vor sich ging und getan wurde, hat einen totalen Umschlag gebracht. An die Stelle der Übersteigerung des Emotionalen ist eine Ablehnung alles Emotionalen getreten, die viel weiter geht als in der Weimarer Zeit und gesunde Gemütswerte ausschaltet. Nicht nur der übersteigerte Nationalismus, sondern jede Vaterlandsliebe ist bei der jüngeren Generation abgetötet worden. Gemeinschaften und Gemeinschaftsgefühl sind der Verachtung preisgegeben worden und haben einem Individualismus Platz gemacht, der mit dem Spielraum, den er dem einzelnen zumißt, den Bestand gesunder Gemeinschaft gefährdet.

Deutlich zeichnet es sich schon ab, daß dieser Umschlag zu weit gegangen ist und Gefahren heraufbeschwört. Die Sehnsucht nach neuen Gemeinschaften und nach Gemütswerten wächst wieder. Der einzelne Mensch fühlt sich ohne Gemeinschaft allzu vereinzelt. Er strebt nach Halt und sucht Ideale, die seinem Leben wieder einen »Sinn geben«. Die Verachtung der früher geachteten Gemeinschaften treibt viele Angehörige der jungen Generation in Gruppen und

Zusammenschlüsse zweifelhaften und kriminellen Charakters. Diese Art der Gruppierung, zusammen mit einer politischen Entwicklung, in der nur zu oft das Parteiinteresse – ganz ähnlich wie es in der Weimarer Republik der Fall war – gegenüber den Staatsnotwendigkeiten die Oberhand gewinnt, läßt eine Lage entstehen, die für den Fortbestand der Demokratie bedrohlich werden kann. Rückbesinnung in vorurteilsfreier Betrachtung der Vergangenheit kann vielleicht helfen, die Leitlinien für eine Politik und ein Verhalten zu finden, das rechtzeitig die heraufkommenden Gefahren abwendet.

Es ist zu einer gängigen, schon abgegriffenen Formel geworden: »Bonn ist nicht Weimar.« Das heißt, ein solches Versagen der Demokratie, das damals Hitler zur Macht kommen ließ, wird es nicht wieder geben. Doch andere bedrohliche Kräfte können auftauchen, und schon aufgetauchte können schneller wachsen, als es heute viele für wahr halten möchten. Ein Damm, der sicher schützt, kann nur von einem Volk gehalten werden, das selbstsicher ist, das nicht diffamiert wird und sich nicht diffamiert fühlt und das wieder Gemeinsinn mit Verantwortungsgefühl für die Gesamtheit besitzt.

In zwei Bänden:

»Spiegelbild einer Verschwörung«

Herausgegeben von
Hans-Adolf Jacobsen

Am 20. Juli 1984 jährte sich zum 40. Mal der Tag des Attentats des innerdeutschen Widerstandes gegen Hitler. Das von dem Bonner Ordinarius für Politikwissenschaft, Hans-Adolf Jacobsen, sorgfältig edierte Werk zeigt die ganze Bandbreite der Opposition gegen Hitler und die Hintergründe des Staatsstreichs vom 20. Juli 1944 im Spiegelbild der SD-Berichterstattung. Es ist ein erschütternder Beweis, daß die Frauen und Männer des Widerstands – ganz allein auf sich gestellt, von den Alliierten ignoriert, von Denunzianten umlauert, von den Terrororganisationen Hitlers bedroht – das Äußerste wagten, um Deutschland von dem braunen Diktator zu befreien, vor dem totalen Ruin zu bewahren und das Vertrauen zu Deutschland in der Weltöffentlichkeit wiederzugewinnen.

Seewald Verlag · Stuttgart · Herford

Rolf Friedemann Pauls

Deutschlands Standort in der Welt

Rolf F. Pauls, der erste Botschafter der Bundesrepublik Deutschland in Israel und in China, einer der erfolgreichsten Diplomaten der Nachkriegszeit, faßt hier erstmals seine weitgefächerten Beobachtungen und Erfahrungen zusammen.

Sein Buch legt Zeugnis ab für das Wirken und Wollen einer Generation, die keineswegs der geistig seelischen Öde eines rein wirtschaftlichen Fortschritts verfallen war, sondern, als sie geschunden und mit knapper Not davongekommen aus dem Krieg heimkehrte, ein *anderes* Deutschland schaffen und die Vernunft zum Zielpunkt deutscher Politik machen wollte. »Deutschlands Standort in der Welt« vermittelt tiefe Einsichten in das Geschehen seit Entstehung der Bundesrepublik Deutschland, in die Bedingungen ihres Fortbestehens in Freiheit und in außen- und weltpolitische Zusammenhänge.

Seewald Verlag · Stuttgart · Herford